岡崎教授の会計力アップゼミナール

# よくわかる**複式簿記**の要点

愛知工業大学名誉教授
日・米公認会計士
## 岡崎 一浩

▶ようこそ会計の世界へ◀
▶複式簿記の入力と出力◀
▶かつて財務報告には財産目録しかなかった◀
▶財産目録から貸借対照表へ改良◀
▶貸借対照表の作成法が、実地棚卸法から継続記録法へ改良◀
▶損益計算書にも対応できるように複式簿記へ改良◀
▶複式簿記の仕訳ルールを覚える方法◀
▶仕訳日記帳からエクセルソートで総勘定元帳まで◀
▶エクセルソートと小計で複式簿記◀
▶エクセルピボットテーブルで複式簿記◀
▶エクセルSUMIF関数で複式簿記◀
▶これが会計ソフト―DBMSのSQL文で複式簿記◀
▶複式簿記は手書きでもなんとかできます◀
▶月末や年度末をまたぐ記帳◀
▶小口現金と経費精算◀
▶支払い実務と現金出納帳◀

PROGRES
プログレス

複式簿記を学ぶには 93 ページの図 24 の「複式簿記（double entry system）の仕訳の組み合わせ表を暗記してください」と言われた方も多いと思います。

そして，そのような非科学的な学び方にはどうしても馴染めない人もいることでしょう。私もその一人でした。

複式簿記も一つの技術です。理論を学ぶことが先決です。理論で全体がわかれば，仕訳など個々の技術を能率よく習得できます。

本書では，総勘定元帳，試算表，損益計算書および貸借対照表の仕組みも理論的に説明しています。

複式簿記の理論を学ぶ最短の方法は，見方を変えることです。

仕訳の自動生成器をエクセル上で発明したいと思い，早くも 30 年以上が経ちましたが，その過程でエクセルと複式簿記とは全く別物であることに気付きました。どう別物かを考えているうちに，複式簿記の原理やコンピュータ会計の原理が見えてきて，それを纏めたのが本書です。

本書は，数ある簿記会計書をよく理解するための「わからないところがわかる本」としてお役に立てるものと信じます。

本書の執筆は，多くの方々からの助言や協力なくしては出来ませんでした。とりわけ，愛知工業大学岡崎研究室の松﨑堅太朗，河合晋および栃井允斗の各氏，若い情報技術者の目線で助言をいただいた株式会社アルタの加藤千雄社長と社員の皆様など多くの方から貴重なご意見を賜りました。また，私に本書の執筆を薦めてくれた藺偉さんと金香仙さんに

も謝辞を記します。さらに，本書の出版を心よく引き受けていただいた株式会社プログレスの野々内邦夫社長にも感謝申し上げます。

　念には念を入れて執筆したつもりですが，それでも筆者の思い込みによるミスが残っているかも知れず，これらの責任はすべて筆者に帰属します。


　令和3年（2021年）10月



愛知工業大学名誉教授
日・米公認会計士

岡 崎 一 浩

# 目　次

## 第3部◉エクセルではちょっと無理。仕訳日記帳から出力まで

## 第8章　仕訳日記帳からエクセルソートで総勘定元帳まで

## 第9章　エクセルソートと小計で複式簿記

## 第10章　エクセルピボットテーブルで複式簿記

## 第11章　エクセルSUMIF関数で複式簿記

## 第4部◉エクセルを超えた本当の簿記会計

### 第12章　これが会計ソフト──DBMSのSQL文で複式簿記

### 第13章　複式簿記は手書きでもなんとかできます

*v*

## 第5部◉いざ，初めての会計実務へ

## 第14章　月末や年度末をまたぐ記帳

## 第15章　小口現金と経費精算

## 第16章　支払い実務と預金出納帳

──────────────●コラム目次●──────────────

# ◉第1部◉

# 準　備

*2*

## 与謝野晶子は経理の達人

与謝野晶子（1878〜1942）は歌人，
作家。

代表作に「君死にたまふことなかれ」。現
代語訳「新訳源氏物語」。「みだれ髪」。

父，鳳宗七は，堺一の菓子店「駿河
屋」を経営しており，非常に学問に熱心で
あった。

父は晶子の経理の知識に気付き，晶子は
難しい税務までこなしたという。堺高等
女学校を卒業後も店の経理を手伝ってい
た。

**与謝野晶子**
（出典：Wikipedia パブリックド
メイン）

# 第1章　ようこそ会計の世界へ

◉理論から複式簿記を学ぶのが早道<sup>はやみち</sup>

◉初回は第2部第3章から読んでいただいて
　も結構です。

# 1 理論，実務および倫理のトライアングル

　複式簿記は，他の社会科学と同様に，理論，実務および倫理の三つの
分野で構成されています（**図1**）。

**図1　理論，実務および倫理のトライアングル**

　理論，実務および倫理のうちの一つでも欠けると，結局，残るのは社
内での徒弟制度，派閥，身勝手な解釈です。
　特に理論が欠けると，技術の伝承や習得に著しく時間を要し，様々
な機会が制限されて，若い人の参入の機会が狭くなります。
　なぜ今，理論を学ぶのでしょうか？　昨今流行している新型コロナの
結果，テレワークや遠隔教育が余儀なくされ，今までのように社内や学
内で仲間が親切に教え合うような雰囲気ではなくなりました。
　不景気の結果，競争が厳しくなり，会社，社員も学生も，お互いに生
き残りが求められているのです。
　そこで著者は，このような閉塞感を打ち破るべく，複式簿記の理論と

### 表1　本書の三つの目標

| ❶理論 | ●複式簿記(1)の原理がわかる。 |
|---|---|
| | ●貸借対照表の位置がわかる。 |
| | ●経理の仕事とは何かが直観的にわかる。 |
| | ●上司や税理士，中小企業診断士の説明がわかる。 |
| | ●日商簿記初級の資格試験に合格する。 |
| | ●会計ソフトの解説本がわかる。 |
| | ●いろいろな電話相談で質問し，その答えを理解できる。 |
| ❷実務 | ●実務で恥をかかないように，実務知識を習得する。 |
| | ●月次の実務を自分一人でできる。 |
| | ●受験するという気概と若さをアピールできる。 |
| | ●記帳というアルバイトができる。 |
| ❸倫理 | ●会計データの取扱いに関する倫理を理解する。 |

（1）　複式簿記，経理，簿記会計および会計について，その意味を分けている本
　　もありますが，本書では同じものとして取り扱います。

実務が独学でわかる入門書の制作プロジェクトを立ち上げました。

　本書の三つの目標は，表1の通りです。

　本書の役割は，何といっても複式簿記の理論面を丁寧に案内すること
です。丁寧に紹介することは，多少は理詰めに説明することになりますの
で，予めご了解ください。

　実務のポイントについては，第5部で紹介します。倫理については，
内部統制の観点から，そのさわりを各所で紹介しています。

　なお，本書では，丁寧な口語体を使っています。会社での日常のビジ
ネス会話にも，そのまま使える日本語です。

　漢字の読み方にルビを振っていますが，これは漢字の読み方で笑われ
ることのないようにとの老婆心からだけではなく，外国人，特に外国人
SEの方が辞書なしで読めるようにとの配慮からでもあります。

## 2 複式簿記のどこが，どう難しいかを答えられない

　奥の深い技術は捉えどころがなく，どこが，どう難しいのかを言葉で説明するのが難しいと言われます。複式簿記もそのような技術です。

　表計算ソフトのエクセルがあれば複式簿記はもう要らないのではないかと考える方がいるとすれば，それは大きな間違いです。

　本書では，複式簿記の仕組みを様々なエクセル関数を使って説明しています。しかし，エクセルの機能を総動員してわかることは，やはり複式簿記はエクセルシートの類とは全く別物だということです。

　そして，第3部で，エクセルと複式簿記とはどこがどう違うのかがわかるようになります。その頃には，貴方は複式簿記を身近に感じることでしょう。

# 3 説明は，イメージしやすい時間を軸に

　複式簿記の始めの段階では，やさしくイメージできる理論を学ぶことが正しい順序です。

　そのため本書では，複式簿記を5部に分けて説明します。

　第1部の「準備」では，簿記会計の心構えを述べています。

　第2部の「入力とは，仕訳日記帳の作成」では，複式簿記の基本の仕訳の原理を，その発展に即して4段階に分けて説明します。

　第3部の「エクセルではちょっと無理。仕訳日記帳から出力まで」では，第2部で説明した複式簿記の理論を具体的にどのようにエクセルで表現できるかを説明しています。そこでは，簿記会計はエクセルとは全く別物であることを例をあげて解説します。

　第4部の「エクセルを超えた本当の簿記会計」では，会計ソフトの原理を説明しています。ここまでの理屈がわかれば，貴方の経理としての資質は大丈夫です。複式簿記はまずエクセルを使って学んで，そのうちにエクセルだけでは物足りなくなれば望外です。

　最後の第5部の「いざ，初めての会計実務へ」では，本書の知識だけでも経理の実務がすぐにできそうな分野をご案内します。それは，現金出納帳への記録法と書類の保管法です。「検定試験に合格したが，できる仕事が一つもありませんでした。だから，本採用には不合格でした」というのでは，「手術は成功したが，患者は死んだ」と同じことと言えましょう。

### 警察官の採用試験で優遇される日商簿記検定2級

　警察官の採用試験で加点対象となる資格がある県警があります。対象資格には柔道や剣道といった武道の段位が目に浮かびますが，実は簿記資格とIT資格も対象になる県警もあります。

　たとえば千葉県警の例ですが，「令和2年度・第2回千葉県警察官採用試験・受験案内」を紹介します。

　1次試験の教養科目の得点分布において，偏差値を50点とした場合には5点が加点されますから，かなりの優遇となります。

| | | | | |
|---|---|---|---|---|
| 対象資格等 | 術　　科 | 柔道　2段以上（講道館認定）<br>剣道　2段以上（全日本剣道連盟認定） | | |
| | 語　　学 | 英　語①実用英語技能検定（英検） | 2級 | |
| | | ②TOEIC | 470点以上 | |
| | | ③TOEFL（PBT） | 460点以上 | |
| | | ④TOEFL（CBT） | 140点以上 | |
| | | ⑤TOEFL（iBT） | 48点以上 | |
| | | ⑥国際連合公用語英語検定 | C級以上 | |
| | | 中国語①中国語検定 | 3級以上 | |
| | | ②漢語水平考試 | 4級以上 | |
| | | ③中国語コミュニケーション能力検定 | 400点以上 | |
| | | 韓国語①ハングル能力検定 | 準2級以上 | |
| | | ②韓国語能力試験 | 4級以上 | |
| | **財　　務** | **日商簿記検定** | **2級以上** | |
| | 情報処理 | 情報処理技術者試験 | 合格者 | |
| | | 情報処理安全確保支援士試験 | 合格者 | |

（出典：令和2年度・第2回千葉県警察官採用試験・受験案内）

# 第2章　複式簿記の入力と出力

◉入力は，仕訳日記帳に行います。

◉規格化された仕訳データ以外は，受け付けません。

◉多くの複式簿記ソフトでは，フロントエンド処理の一つとして，現金出納帳などから仕訳日記帳を自動生成する機能が実装されています（自動仕訳機能）。

◉出力には様々な報告書がありますが，これらの頂点に立つ報告書は貸借対照表です。

# 1 会計の三つの機能

　ここからは，**複式簿記**（accounting）の機能について説明します。

　複式簿記とは，取引の**記録**（recording），**処理と保管**（sorting, summarizing, selecting, and storing），そして**報告**（reporting）の三つの機能をいいます（**図 2**）。

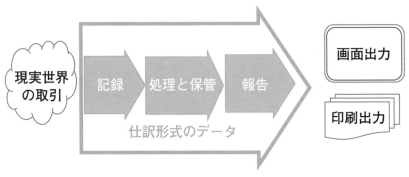

図 2　複式簿記の三つの機能

　記録，処理と保管，および報告という作業は多くの仕事に共通してありますが，複式簿記の場合は，対象データが**仕訳形式のデータ**に限られています。ここで仕訳形式のデータとは，複式簿記の原理や習慣に則して整理・整頓されたデータで，**仕訳日記帳**がその具体的な様式です。これについては第 6 章で詳しく説明します（75 ページの**表 37**）。

　複式簿記のプロセスを情報処理の用語で言い換えれば，**入力，処理と保管，出力**の三つの機能に対応します。

　情報処理が複式簿記と似ているのは当然で，複式簿記は約 500 年の歴

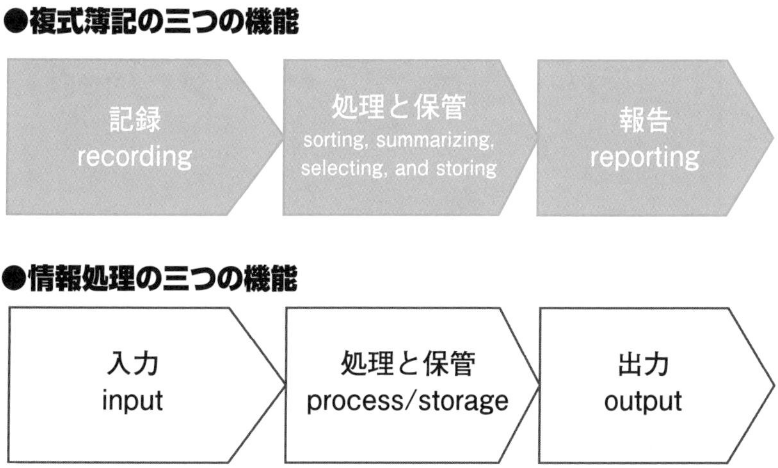

●**複式簿記の三つの機能**

●**情報処理の三つの機能**

図３　複式簿記と情報処理とは同じ出自

史があるビジネスデータの情報処理だからです（**図3**）。

　本書の説明には会計用語ではなく情報処理の用語を使った方がわかりやすい場合もありますので，適宜，記録と入力は同義語として読んでください。報告と出力も同様です。

## 2 三つの機能とワークフローの対比

　図4の「三つの機能とワークフローの関係図」で会計の三つの機能を左側の黒色とし，これを右側の緑色のワークフローに対比させました。

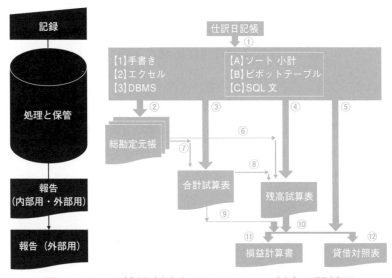

**図4　三つの機能(左)とワークフロー(右)の関係図**

　これは左右，次の二つから構成されています。

▶左側：黒色で示した三つの機能（記録，処理と保管，報告）

▶右側：緑色で示したワークフロー

　なお，右側に示したワークフローは，業務を上から下に，左から右に示しているので,情報の要約も右下に行くにつれて進むことになります。

# 3 仕訳，仕訳日記帳，データベース，レコードの相互関係

14 ページの図 5 の中に「個々のレコード」という IT 用語が出現しますが，とりあえずエクセルの表における行の情報と考えてください。

たとえば，図 5 での 1 行（ぎょう）が一つのレコードで，一つの取引を表します。

この考え方に基づいた仕様による記録法（仕訳）（しわけ）は，第 6 章，第 8 章，第 9 章，第 10 章，第 11 章および第 13 章を通して説明します。

本書では，以下，仕訳については緑色で表示します。

### 表 2　仕訳日記帳
〈1 仕訳・1 行〉

| 取引番号 | 借方科目 | 借方金額 | 貸方科目 | 貸方金額 |
|---|---|---|---|---|
| 取引 01 | （1 資産）1 普通預金 | 100,000,000 | （3 純資産）1 資本金 | 100,000,000 |

表 2 のように一つの仕訳を 1 レコードで示す代わりに，表 3 のように一つの仕訳を上下に複数行のレコードで示すことも認められています。

### 表 3　仕訳日記帳
〈1 仕訳・複数行〉

| 取引番号 | 勘定科目 | 借方金額 | 貸方金額 |
|---|---|---|---|
| 取引 01 | （1 資産）　1 普通預金 | 100,000,000 | |
| 取引 02 | （3 純資産）1 資本金 | | 100,000,000 |

表 3 のような 1 仕訳・複数行レコードによる記録法については，第 8 章

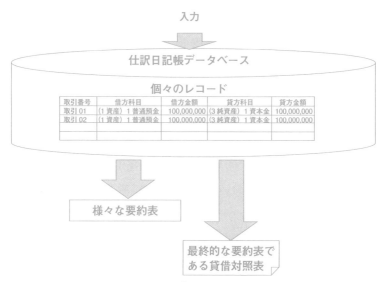

**図5 データの要約**

の**表55**以下，第9章の**表59**以下，および第12章の**表78**で詳しく説明
します。

　仕訳日記帳は膨大な行数の取引から構成されますから，古くからその
要約表を作ることが必要になっています。

　要約表には，合計試算表，残高試算表，損益計算書および貸借対照表
がありますが，これらの詳細は第3部で説明します。

　12ページの**図4**のワークフローは本書で何度も掲載しますが，この図
は，全体の流れの中で，どこの説明をしているのかを示す一種のカーナ
ビ画面です。カーナビ的な画面が充実しているので，途中からでも全体
を見失うことはありません。

## 4　譬えとしての山登りとデータの要約

簿記会計で入力データとして入力可能なデータは，正しく規格化された「仕訳データ」だけです(1)。

(1)　**規格化された仕訳データ**とは，**複式簿記データ**，あるいは単に**仕訳データ**と同義です。

データの一つでも「仕訳データ」としての規格を外れると，会計ソフトは入力禁止の警告を出し，止まります。

最終的にデータの要約が目指すものは，貸借対照表の作成です。

貸借対照表へ向かう経路は複数ありますが，実務ではほとんどの場合，複式簿記という手法で貸借対照表を作成します(2)。ほとんど同じ手間で損益計算書も，あたかも貸借対照表の副産物のように作成できます(3)。

(2)　貸借対照表がデータの要約の頂点に立つ報告書である理由は，以下の通りです。これは，本書を通してのテーマです。
- ●貸借対照表にある「当期純利益」の金額は，当期の損益計算書の最終結論である「当期純利益」に由来します。
- ●貸借対照表に記載されるデータは，資産，負債あるいは純資産として翌期（翌月とか翌期）に繰り越されて利用されます。
- ●貸借対照表の科目と金額は，個々の取引の金額から構成されています。したがって，総勘定元帳の残高から個々へ追跡することが可能です（136ページの「折り畳み」参照）。

(3)　パソコン会計ソフトを使用すれば，データベース機能が働き，総勘定元帳，合計試算表，残高試算表，損益計算書および貸借対照表などの関係帳簿や要約表が一斉に更新され，最新のデータを示すことになります（第12章）。

貸借対照表へ向かう経路は複数あります。

　成果物は，途中での報告書の種類，頻度，並び順などの違いで，様々
あります。

　しかし，貸借対照表を得ることが簿記会計の最終目標であることには
違いはありません。

　最高位の頂点に立つ要約表が貸借対照表ですから，この上下関係を理
解した上で，会社の様々な報告書，領収書，請求書あるいは伝 票を逆順
に整理して保管すると，要領よく整理できます(4)。

(4)　会計では，要約表を上に，明細表を下に綴じます。書類の綴じ方を見れば，
　その人の経理センスがわかります。監査法人の皆さんが，膨大な書類を監査
　調 書として綴じ，また苦もなくそれを開いているのは，経理センスの上に，
　さらに書類の整理法を徹底的に訓練されているからです。

## 5 | 技術の発展と複式簿記

　複式簿記の実務は，大きく三つの段階に分けることができます（10ページの**図2**参照）。

　12ページの**図4**の右のワークフローにある長方形の左側にある【1】【2】【3】が記された箇所をご覧ください。

> 【1】 手書き
> 【2】 エクセル
> 【3】 DBMS

### 【1】 手書きの複式簿記

　手書きの複式簿記とは，算盤や電卓の時代の複式簿記です。

　西洋諸国では，算盤や電卓の代わりに機械式の計算器が使われました。

　ほんの50年ほど前までは，電卓は高価で，日本では，企業実務でも各種の資格試験でも算盤しか使えませんでした。

　ですから，会計以前の問題として，算盤の練習に嫌気がさして簿記嫌いになる人も少なくなかったのです。

### 【2】 エクセルを使う複式簿記

　エクセルを使う複式簿記とは，マイクロソフト社の表計算ソフト「エクセル」をベースにした複式簿記です。

　エクセルは便利で，会計計算には脇役として欠くことができない道具です。しかし，エクセルが複式簿記の記録や処理・保管の主役として使われることはありませんでした(1)。

　（1） エクセルをベースにした複式簿記ソフトは，Windowsアプリ・フリーソフ

トのサイト「窓の杜」などで入手可能です。しかし，複式簿記に関しては，実用的なものはほとんど見当りません。

　確かにエクセルは，個人用のパソコンで表計算ソフトとして，複式簿記の補助具として広く普及しました。
　しかし，エクセルの扱えるデータ数，ユーザー数，セキュリティ，プログラムメンテナンスなどが，ＤＢ管理システム（DBMS[2]）を使った会計ソフトに敵わなかったのです。

　（2）　発音するときは，「ＤＢ　MS」と区切って読みます。

## 【3】 DBMS を使っての複式簿記

　市販の会計ソフトは，データ管理専用の管理システムである DBMS を使っています。

　ほとんどの会計専用の会計ソフト[3]から，巨大な ＥＲＰ（基幹業務システム）[4]までが DBMS を利用しており，様々なフロントエンド処理（データの入力時のデータの規格化）も済ませてくれます。

　（3）　会計ソフトの代表には，弥生会計，会計王，勘定奉行，財務応援などがあります。
　（4）　世界市場での普及度では，ドイツＳＡＰ，米国オラクル，米国マイクロソフト「ダイナミックス」が三強ですが，中国ではＳＡＰ，用友と金蝶が三強です。

　DBMS では，具体的には，複数ある帳簿のうちの一つの帳簿に入力したら，それに関係する帳簿や表が一斉に自動的に更新されます（241 ページの**表 117** から 242 ページの**表 118** がその一例です）。
　欠点は，肝心の会計の考え方が，あたかもブラックボックスに入ってしまうことです。ただし，DBMS は会計とは切っても切れない関係にあるので，これの説明は無しでは済まされません[5]（第 12 章）。

　（5）　事務系スタッフからクラウド技術を見れば，クラウドとは基本的には DBMS がネット空間に拡張されたもので，原理的には自社のコンピュータに

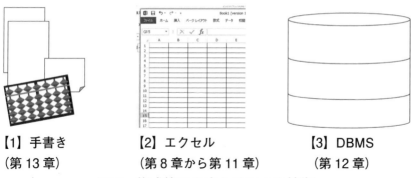

【1】手書き　　　　【2】エクセル　　　　【3】DBMS
（第 13 章）　　　　（第 8 章から第 11 章）　　（第 12 章）
図 6　複式簿記を支える三つの技術

　ある DBMS と同じです。

　複式簿記とは，コンピュータのなかった時代に発明された一種の
DBMS といえましょう。

　本書では，複式簿記の学習について，あえて「【2】エクセルを使う複
式簿記」にとりわけ重点を置きました。

　特に，ソート／小 計機能（第 9 章）およびピボットテーブル機能（第
10 章）を使って丁寧に説明します。

　なぜなら，電卓や算盤を説明に使ったのでは，計算ミスなど些細な点
に気が散ってしまいます。

　その点，エクセルでの説明は操作自体がわかりやすく，操作のロジッ
クが逐次的に理解しやすいので，学習用のワークフローの説明に最適で
す。見てもらえればわかります。

　したがって，本書では，専らエクセルを用いた説明によって複式簿記
の原理を説明しましたが，同時にエクセルはそれ自身の限界も教えてく
れました。

## 6 三つの機能（記録，処理と保管，報告）とは

　複式簿記の特徴は，取引データを仕訳形式に規格化して，記録し，処理・保管し，必要に応じて情報を出力することにあります。

　取引を文章で記述するのではなく，予め仕訳形式に規格化されたデータによって DBMS が稼働するので，取引データは処理・保管や報告が能率的に行えます。この仕訳形式については，第5章以下で説明します。

　多くの方にとって会計が面倒で難しいと思われるのは，そこでは約500年間の試行錯誤の歴史によって使われてきた難解な会計用語と説明法が使われているからです。

　初心者は，より日常的に使われている IT 用語でイメージを先に掴んで頂きたく思います。

　複式簿記の学習の最大の関門は，入力，つまり「仕訳形式によるデータの規格化」であり，これを乗り越えると後は非常に楽です。

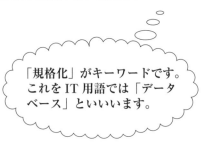

「規格化」がキーワードです。これを IT 用語では「データベース」といいいます。

## 7 ｜ 三つの機能(1)：記録

　「記録」機能とは，取引データを会計特有の仕訳形式にして受け付けることです。

　入力チェックでエラー警告なしで受け付けられれば，そのデータは正しく規格化されていたと判断してくれます(1)。

（1）　仕訳日記帳への直接入力のほか，振替伝票メニューや各種出納帳からの自動仕訳機能などがフロントエンドの諸機能として会計ソフトに実装されています。

　記録とは，IT 用語では「入力」に相当するものです。

　仕訳のルール（第 7 章）に馴れる以前の初心者でも，会計ソフトに自動仕訳というアシスト機能があるので，ある程度の経理事務ができてしまいます（242 ページの**表 118**）。

　たとえば，ほとんどの会計ソフトでは，普通預金出納帳の出金欄に，たとえば旅費交通費　999,999 円と入力すれば，DBMS が作動し，その自動仕訳機能によって仕訳日記帳に，

　　（借方）旅費交通費　999,999　　（貸方）普通預金　999,999

という仕訳を自動的に作ってくれます。

　仕訳の詳細については，第 6 章および第 7 章で説明します。

　自然界には仕訳形式のデータなどは存在しませんから，人間または会計ソフトがこの規格化作業を担当します。

　このインターフェース（interface）が記録機能，つまり入力です(2)。

（2）　近年，AI の利用によって仕訳を自動化する動きはあるにはありますが，その自動仕訳の展開は，これからの課題です。たとえば，人間が勘定科目を決める

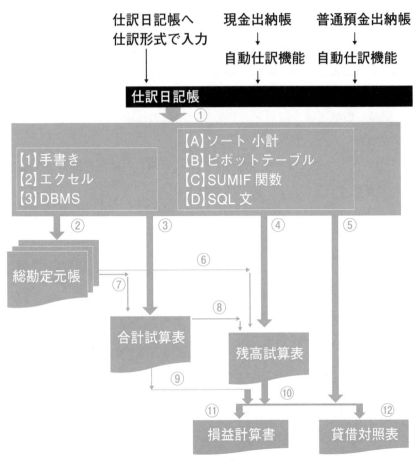

図7　仕訳日記帳への入力

のに税法などの許容範囲を検討することが必要です。

　その結果，仕訳形式化されたデータは次の処理・保管機能に利用され，さらにはここから報告書や画面に出力ができます。

　IT用語で説明すれば，これらはフロントエンド処理（前処理）を指しています。

　「仕訳形式」の説明を会計の定義から始めると，非常に抽象的かつ難解

です。

　このような場合には，時間順にどのようにして現在の仕組みになったのかの経緯を学んだ方が早道です[3]。

（3）「会計は経験の産物であるから，理屈ではなく，手で覚えろ」「何でもいいから資格試験に合格して，合格してから意見を言ってください」という乱暴な指導法を昔はよく見かけました。

　そこで本書では，複式簿記を四つの発展段階に即して，第 3 章から第 6 章までで説明します。

　なお，本書では，複式簿記，簿記会計，会計，経理およびアカウンティングは同義語であり，それは借方と貸方に規格化された金額データを取り扱う技術としておきます。

## 8 三つの機能⑵：処理と保管

「処理と保管」機能とは，コンピュータ用語でいえば，生成された記録に対し，並べ替え（sorting），合計（summation），抽出（selection），保管（storage）などを施し，問い合わせに短時間で対応できるようにデータを整理・整頓し保管することです。

データが綺麗に整理されていると，並べ替え，合計，抽出，保管などは格段に速くなります[(1)]。

(1) 書類が整頓され，帳簿に手書きで書かれていると，それだけで不正の防止に役立ちます。また，自分に不正を疑われた場合には，自分の潔白を証明してくれる証拠にもなりえます。反対に，帳簿や領収書などの保管が不備な会社では，疑心暗鬼が生まれます。

**図8 ルカ・パチョーリの肖像画（1495 年）**
（出典：Wikipedia パブリックドメイン）

　繰り返しますが，この仕訳という規格については，約 500 年前のイタリアのベニスで数学者ルカ・パチョーリが自著の数学書『スンマ』で紹介しています[2]。

　(2)　その数学書では，確かに複式簿記を取り上げています。しかし，当時は識字率がそれほど高くはなく，紙，筆記用具や計算機が高価だった時代に，仕訳が実務でどれだけ普及していたかに関する証拠は多くはありません。

　処理と保管については，外部からの細かい規制はありません。あるとすれば，会社内部の規則や監査法人の監査などが，これに相当します。

　外部の規則がないので，監査論や内部統制論に関する専門書でしか知ることのない分野ですが，本書では，ここを手書き，エクセルあるいは DBMS で行った場合にどう処理されているかの仕組みについて第 3 部と第 4 部で詳しく説明します。

# 9 三つの機能⑶：報告

「報告」機能には，顧客から頻繁に来る取引口座の取引照会や残高 照会から，貸借対照表や損益計算書といった報告書まで幅広くあります。

とくに財産目録，損益計算書あるいは貸借対照表などの書類は，法律でその作成が法的義務とされている場合もあり，その内容や様式については基準や作成要 領 が決められています。

金額単位，会計年度，勘定科目の配列順などの記載については，これらの基準などを参照することになります。

実務では，前任者の前例を引き継ぎ，不明な場合は上 司の指示を仰ぎましょう。

本書では，財産目録，貸借対照表および損益計算書は，説明を簡素化にするために，金額単位や締め日などの記載を省略したりしています。ご了承ください。

実務では，報告書の作成には会計ソフトを使うために，会計ソフトからの出力である限り⑴，報告書のスタイルが法的な問題を引き起こすことはありませんのでご安心ください。

(1) 同じ会計ソフトでも，設定時に，小売業，卸売業，製造業，不動産賃貸業および農業が選べるようになっている場合があります。また，医療，宿泊業，交通業，建設業などに特化した会計ソフトもあります。

なぜなら，法的な問題，税務上の問題，あるいは監査での曖昧さを引き起こすような会計ソフトは，ユーザーから選ばれることがあり得ないからです。

会計報告の如何で，株価や法人税の税額が変わってきます。

　その会社の従業員のボーナスも，会計報告の如何（いかん）によって上下しますし，銀行の融資（ゆうし）決定の資料にもなります。

　このように，報告による企業経営における影響は大きいので，様々（さまざま）な法網潜（ほうもうくぐ）りとそれを封（ふう）じる法的規制が展開されてきました。ですから，関連する基準なども細かな字で，分厚（ぶあつ）いものになっています。

　しかし，中小・零細（れいさい）企業の場合，次の書類が整備されている限り，不正が疑われる余地は非常に限られています。

- ●複式簿記による帳簿

- ●書類の整理・整頓

- ●税法，社会保険や労働保険に必要な帳簿

- ●損益計算書や貸借対照表における比率分析に異常がない

■確認テスト

| 設　問 | 選 択 肢 | 正答とコメント |
|---|---|---|
| 複式簿記の原理をエクセル上にて使いこなすことで，広く日本の会計実務ではエクセルが経理部で普及しています。 | (1)　正しい<br>(2)　誤り | (2)　誤り。<br>　経理部で広く使われている理由は，便利な表計算ソフトとしてであって，複式簿記の原理を実現するためではありません。 |
| 仕訳日記帳さえあれば，総勘定元帳，合計試算表，残高試算表，損益計算書および貸借対照表をそれから作成することができます。 | (1)　正しい<br>(2)　誤り | (1)　正しい。<br>　すべての取引は，いったん仕訳日記帳に1回のみ記帳されます。すべての報告書は最終的には貸借対照表に要約されます。 |
| 会計の報告書には様々な報告書がありますが，最も要約された報告書は損益計算書です。 | (1)　正しい<br>(2)　誤り<br>(3)　ケースバイケース | (2)　誤り。<br>　情報の要約という観点からは，最終的には貸借対照表です。貸借対照表は当期純利益という損益計算書の項目を含んでいます。また，貸借対照表は，過去の取引の結果も示せば，同時に，将来の現金預金の流れもある程度は示してくれます。その点，損益計算書はもっぱらその年度の経営成績を示すだけで，それ以外の年度については直接には言及しません。 |

《正答とコメントは，第2部と第3部とを読み進むと良く分かります。》

## ◉第2部◉
# 入力とは，仕訳日記帳の作成

## 著作権法が守る簿記の入門書

　簿記入門書の著作権を巡る 1879 年米国最高裁判例，ベーカー対セルデン事件が興味深い。米国人原告のチャールス・セルデンは自著『セルデンの要約元帳〜簡単簿記』において，約 20 ページの記帳用紙を綴じていた。被告も酷似した本を出版した。

Selden's condensed ledger
（出典：Wikipedia パブリックドメイン）

　被告の主張は，著作権法で保護されるのは原告が簿記法を説明するために使った文言であり，アイデアの保護は著作権法ではなく特許権だとする「アイデア・表現二分論」を展開し，原告の敗訴となった。

　142 年経った本判決が，2021 年中に予定されている「グーグル対オラクル」のアンドロイド著作権裁判で見直される可能性がある。

# 第3章　かつて財務報告には財産目録しかなかった

　会計の最終的な機能は報告（11 ページの**図３**参照）でした。

　ルネッサンスを迎えたイタリアでは，資金を持ち寄って，船を新造し交易するビジネスモデルが出現してきました。東方の国々との取引が盛んになってきたからです。お金を持ち寄るということは，将来における公平なお金の分配が前提です。

　つまり，関係者には，きちんとした報告が必要になりました。

　当時の造船技術や航海技術では，交易船は何回もの航海には耐えられず，１回の航海で廃棄された場合も多く，そうであれば固定資産という概念は不要で，公平な分配の計算に必要な財産が一覧表になった**財産目録**が必要かつ十分な財務情報でした[(1)]。

　（1）　日本では，第２次世界大戦の戦前はおろか戦後の混乱期までは紙が貴重品で，計算には算盤しかないのが複式簿記を取り巻く環境でした。大規模の株式会社でもない限り，その頃までは年に１回の**財産目録**の作成が精一杯でした。より正確にいえば，掛け売りに対して売掛金元帳，および掛け買いに対して買掛金元帳が記帳されていましたが，これら補助元帳についての説明は本書では割愛します。

　財産目録は，ある一つの時点の財産の一覧表です。現在の会計用語でいえば，ある一つの時点での資産と負債の一覧表です。その価額を売却時価で見積もれば価格付けもできます。もし借入金や未払税金などがあれば，マイナスの財産として取り扱います。価格が不明の場合には，「調査中」と記します（33 ページの**表4**）。

　**表4**の財産目録を書き直せば，**表5**の通りとなります。

　財産目録には，**表4**のように，金額単位，年月日，財産と債務の欄の名称の言及が必要ですが，本書ではこれらの記述の説明は省略します。

　なお，会計理論や会計実務では罫線に関するルールはありませんが，実務では前年に準じる「継続性」を守ります。

　財産目録は，第４章では貸借対照表となって，成長・発展を遂げてゆ

## 表4　財産目録

作成日：令和元年12月31日　　　　　　　　　　作成者：○○○○㊞

| 番号 | 財産の種類 | 財産の内容，所在等を特定するための情報 | 数　量 | 相続開始時の価額（円） | 備　考 |
|---|---|---|---|---|---|
| 1 | 不動産（土地） | ○○市○○区○○町○丁目○番○号 | 1 | 50,000,000 | |
| 2 | 不動産（建物） | ○○市○○区○○町○丁目○番○号 | 1 | 5,000,000 | |
| 3 | 預貯金 | ○○銀行○○支店普通○○○○ | 1 | 10,000,000 | |
| 4 | 自動車・バイク | ○○○○　　○○○普通○○○○ | 1 | 1,000,000 | |
| 5 | その他財産 | 腕時計○○○○ | 1 | 500,000 | |
| 6 | 債務・葬儀費用等 | ○○葬儀社 | 一式 | -1,000,000 | |
| 7 | | | 合　計 | 65,500,000 | |

## 表5　財産目録

| （財産） | 令和元年12月31日 | （債務） | |
|---|---|---|---|
| 現金預金 | 10,000,000 | 未払費用 | 1,000,000 |
| 貯蔵品 | 500,000 | | |
| 車両 | 1,000,000 | | |
| 土地 | 50,000,000 | | |
| 建物 | 5,000,000 | | |
| 合計 | 66,500,000 | 合計 | 1,000,000 |

くことになります。

　ここで，財産目録の欠点も記します。

　財産目録は，分配のために，ある時点での資産や負債の一覧表です。

　一定期間の取引の記録などは必要がありません。つまり，現金がいくらあったとしても，財産目録には現金有り高を記載すれば良しとし，その現金が貯まった理由は不問です（図9，10）。

**図 9 お金はあるが，なぜあるかの説明ができない？**

記録（不要） 計算（不要） 報告 （財産目録）

**図 10 財産目録の立ち位置**

したがって，お金があったという事実は指摘できますが，どういう由来のお金なのかは説明できません。

日本では，昭和 37 年（1962 年）までは，財産目録は会社の報告書として作成が強制されていました。現在では，財産目録は会社法での決算報告書としては要りませんが，今でも古い法律などで生きています。たとえば，会社が破産したときに財産目録を作成します。また，故人の相続の開始時にも財産目録が必要になります。

ここで，財産と資産という用語がどう違うかが気になる読者もいるかもしれませんが，本書では，財産とは資産の古い名称とします。

複式簿記の分野では，このように定義が曖昧な場合が多々ありますが，それでも複式簿記は正しく機能しますから，ある意味ではスゴイですね。

# 第4章 財産目録から
# 貸借対照表へ改良

◉この章は丁寧に読んでください。

# 1 貸借対照表とは

　財産目録と貸借対照表とは，一見似ていますが，実は別物です。

　最大の違いは，財産目録はある**一つの時点**での資産と負債の一覧表であるのに対し，貸借対照表には**二つの時点**と**一つの期間**の情報が入っていることです（**図 11**）(1)。

(1)　貸借対照表の定義には，「会計年度末における企業の財政状態を示す決算書」（Barron's Dictionary of Accounting Terms 日本語対訳）とされることがあります。資本金とは過去の設立時のお金の価値ですから，私見では，二つの時点の過去にも言及されるべきと思います。しかし，しばしば貸借対照表の定義で，くやしいですが，「会計年度末における企業の財政状態を示す決算書」だけの記述も通っているので，受験簿記ではこれも正答とすることにご留意ください（207 ページの【問題 4】参照）。

**図 11　貸借対照表（実地棚卸法）**

　つまり，財産目録に一手間を加えたものが貸借対照表です。

　なお，ここで貸借対照表としていますが，本章，第 5 章および第 6 章と，その意味は少しずつ深化しています。本章での貸借対照表は実地棚卸法による貸借対照表，第 5 章は継続記録法による貸借対照表，第 6 章は複式簿記による貸借対照表と，作成方法が少しずつ充実しています（**表 6**）。

## 表6 第2部における章立てと主要な報告書

| 章 | ある時点での状態 | ある期間の損益 | 作成原理 |
|---|---|---|---|
| 第3章 | 財産目録 | なし | 実地棚卸法 |
| 第4章 | 貸借対照表 | 当期純利益のみ | 実地棚卸法 |
| 第5章 | 貸借対照表 | 当期純利益のみ | 継続記録法 |
| 第6章 | 貸借対照表 | 損益計算書（複式簿記） | 複式簿記 |

## 表7 財産目録

| （財産） | 令和元年12月31日 | （債務） | |
|---|---|---|---|
| 現金預金 | 10,000,000 | 未払費用 | 1,000,000 |
| 貯蔵品 | 500,000 | | |
| 車両 | 1,000,000 | 余白 | |
| 土地 | 50,000,000 | | |
| 建物 | 5,000,000 | | |
| 合計 ① | 66,500,000 | 合計 ② | 1,000,000 |

33ページの表5の財産目録を表7として再掲します。

財産目録では，財産を左（借方），債務を右（貸方）に記載しました。すると，財産目録の右下の緑の点線で囲んだところに余白が生じます。

この余白をなんとか有効活用しようとするのが実地棚卸法の**貸借対照表**です。

その構造を非常に単純化して説明します。3回に分けて説明します。

### ▶第1回目の説明

たとえば，会社設立は平成31年（2019年）1月1日とします。

現在は当年度末の令和元年（2019年）12月31日と，ちょうど1年経過後の年度末の貸借対照表を作成しています[2]。

（2）和暦と西暦の関係については第14章の表105を参照してください。令和元年1月1日から4月30日までは存在しません。

　貸借対照表に **純資産** という会計上の概念（コンセプト）を導入してい
ます。

　純資産は，資産合計① 66,500,000 円から負債合計② 1,000,000 円を控
除した計算上の額⑤ 65,500,000 円と定義します。

　純資産の金額は，反証がない限り，その時点での「企業の価値」を表
します。これが，いわゆるコストアプローチ（原価法）による企業評価
方法といわれるものです。

　しかし，「純資産」という法的な権利や義務が存在するわけではありま
せん。

　ここで説明を繰り返します。

　第３章の財産目録の場合，ある時点の財産を１回の測定で報告しまし
た。本章で紹介している貸借対照表も，これですと，財産目録と大きな
差はなさそうです。

　そこで，貸借対照表には，最初に元入れした「資本金」の額を「余白」
としたところに書き込みましょう。しかし，これだけでは，

　　　資本金の額① 50,000,000 円　　≠　　純資産の額⑤ 65,500,000 円

です。これを改良し，

　　　資本金の額　＋　 当期純利益 15,500,000 円 　＝　 純資産の額

のように， 当期純利益 の部分に金額を補充して等式が成り立つようにし
ます(3)。

　　(3)　ここでの説明は，設立初年度の会社を前提としています。設立２年度の会
　　　　社には，**繰越利益**という当期純利益の繰越分がありますが，説明が複雑になる
　　　　のでこれ以上の説明はここでは割愛します。

　 当期純利益 は，実は借方合計と貸方合計が同額になるように補充した
金額とその名前です(4)。

　　(4)　より正確には，「当期純利益」にさらにそれより過年度の繰越利益を加えた

「繰越利益」が正確です。しかし，ここではこれ以上の説明は割愛します。

原理的にはこれだけですが，その結果としての効果は絶大でした。

資本金と当期純利益を財産目録の右下に挿入した結果，会社を存続させる限り，配当してはいけない「資本金」と，配当ができる「当期純利益」とに分けることができたのです。

ちなみに，資本金からの配当は原則としてできません。これを行うことを違法配当あるいは蛸配(5) といい，違法です。

(5)　蛸は自分の足を食料として食べることに例えて，タコ足配当（capital dividend）といいます。タコ足配当を短く「蛸配」ともいいます。

つまり，資本金③の 50,000,000 円からは配当できません。特別な手続きが必要です。しかし，当期純利益④からは 15,500,000 円までの配当が可能です（**表8**の④）。

## 表8　純資産と配当可能利益

| 純資産 | 令和元年1月1日 | | 令和元年12月31日 | 配当 |
|---|---|---|---|---|
| | （設立前） | （設立後） | | |
| 資本金 | 0 | 50,000,000 | 50,000,000…③ | 配当できない |
| 当期純利益 | 0 | 0 | 15,500,000…④ | 配当できる |
| 合計 | 0 | 50,000,000 | 65,500,000…⑤ | |

▶ **第2回目の説明**

本章での貸借対照表（**表9**）の役割は，1月の会社払込直後の純資産（資本金③）が，いくらの価値に増殖し（当期純利益④），その結果，期末日にいくらの価値になったのか（資本金③と当期純利益④）を示すことです。

当期純利益④が，純資産を増加させたと考えます。

## 表 9　貸借対照表の例示

| （資産） | 令和元年 12 月 31 日 | （負債・純資産） | |
|---|---|---|---|
| 現金預金 | 10,000,000 | 未払費用② | 1,000,000 |
| 貯蔵品 | 500,000 | | |
| 車両 | 1,000,000 | | |
| 土地 | 50,000,000 | 資本金③ | 50,000,000 |
| 建物 | 5,000,000 | 当期純利益④ | 15,500,000 |
| 合計① | 66,500,000 | 合計⑤ | 66,500,000 |

＜--- 出資時の純資産
年度末の純資産（③＋④）

第 1 に，年度末の財産目録と同じように記入する（①と②）。

第 2 に，設立時に投下した資本金を右に記入する（③）。

第 3 に，左右の金額がバランスするように当期純利益の計算結果を記入する（①－③＝④）。

③＋④を 純資産といい，企業価値を示します。

純資産 65,500,000 円は，会社の価値がその額だという意味です。

なお，純資産は①－②とも必ず一致します（表 10）。

## 表 10　純資産の増加＝当期純利益

| | | |
|---|---|---|
| 純資産　令和元年 12 月 31 日 | 65,500,000 円①－② | |
| 純資産　令和元年 1 月 1 日の払込みの直後 | 50,000,000 円③ | |
| 純資産の増加 | 15,500,000 円④ | |

## ▶第 3 回目の説明

諄いようですが，さらに同じことを図を使ってもう一度説明します。

この価値の増加④ 15,500,000 円を「当期純利益」と呼びます。

ここでのポイントは，以下の a から e までとなります。

a. 資本金（③ 50,000,000 円）と当期純利益（④ 15,500,000 円）の合

計（③＋④＝ 65,500,000 円）を，年度末の純資産といいます。

b. ここでは二つの時点があり，この例では 1 月 1 日と 12 月 31 日です。二つの時点の間に一つの会計期間（この例では 1 年間）が定（さだ）まります。

c. 資本金は，払込直後（1 月 1 日）の純資産が③ 50,000,000 円であると示します。1 月 1 日の純資産は，資本金（③ 50,000,000 円）と当期純利益（ここでは 0 円）の和（わ）として求めます。

d. 資産合計（① 66,500,000 円）と負債合計（② 1,000,000 円）は年度末（12 月 31 日）の金額です。その①資産合計と②負債合計の差額（純資産）が①－②＝ 65,500,000 円であることを示します（**表 10**）。

e. 二つの時点の純資産の金額の差［③ 50,000,000 円－ ｛（①－②）65,500,000 円｝］が生じることに留意してください。これを当期純利益（④ 15,500,000 円）と呼びます。

　図 12 は，表 9 の貸借対照表の重要箇所を時間軸上に置き直（なお）した構図です。

図 12　貸借対照表の重要箇所の構図

# 2 大西洋をまたぐ貸借対照表

　侮り難いのは，植民地経営が華やかな時代の財務管理では，専ら貸借対照表に依っていたことです。

　当時はビジネスの仕組みが単純で，長期借入，手形，保険，デリバティブ（予約,先物）などファイナンスが今ほど高度ではありませんでした。

　管理も簡単で，貸借対照表も，あたかも大西洋を挟むように，資金調達と資金使途の関係がよく表れています（**図 13**）。

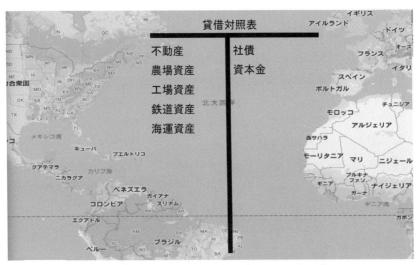

**図 13　植民地経営と貸借対照表**
(参考：『会計の世界史』田中靖浩，192 ページ)

　資金の貸し手が東側の貸方（Creditor）で，借り手が西側にある借方（Debtor）という位置関係は今も昔も変わらないようで，簿記においても借方と貸方の位置関係は，この関係を踏襲しています。

D（借方）は左に跳ねているから左，C（貸方）は右に跳ねているから右と覚えます（91 ページの**図 22**）。

日本でも，戦前までは，仮に損益計算書がなくても貸借対照表さえあれば会社の経営はほとんどができました。貸借対照表は，それだけで違法配当を防止できるという貢献が十分に大きかったのです。

財産目録を基礎に貸借対照表を作成する方法を**財産目録法**といい，**棚卸 法**ともいいます。

本章では，財産目録法による貸借対照表について説明をしました。

財産目録法の対立語は**継続記録法**といい，**誘導法**ともいいます。

継続記録法による貸借対照表は，次の第 5 章でご紹介します。

■確認テスト

| 設　　問 | 正答とコメント |
|---|---|
| この度，当社は事務所の賃貸借契約を結びました。再来月から入居で，家賃 50 万円，保証金・敷金や前払家賃などは不要，期間は 2 年，キャンセル不可という条件です。 | 仕訳は不要です。そもそも，このような賃貸借契約は財産目録や貸借対照表に記載されません。<br>仕訳とは，財産目録や貸借対照表の変化の記録と理解してください。賃貸借契約などは，貸借対照表に資産や負債とならず，仕訳の対象に入りません。 |

## 定義の定義

　きちんとした会計の定義がないと心配だという人もいますが，社会制度では定義が曖昧(あいまい)でも心配無用(むよう)です。

　たとえば，道路交通法が右折(うせつ)禁止という場合，右(みぎ)という法律上の定義がなくても右折禁止は常識ですから，道路交通法は成り立ちます。

　会社でも，最高位の意思決定者が社長，会長，プレジデント，CEOとチェアマンのうちでどれなのかが法律上はハッキリしていなくても，実務は不自由なく動きます。

富士山の頂上(ちょうじょう)が静岡県なのか山梨県(やまなし)なのかの法律上の定義はハッキリしませんが，定義は明確でなくとも不自由なく両県の行政(ぎょうせい)は動いています。

　定義が曖昧でも会計は機能しています。そこが会計の凄(すご)いところです。

富士山（出典：フリー素材）

# 第５章 貸借対照表の作成法が，実地棚卸法から継続記録法へ改良

◉複式簿記や損益計算書は次の第６章でご紹介しますので，今，少しお待ちください。

# 1 小動物の体重変化の ウォーターフォール分析

　**複式簿記**に入るまでには少しお待ちください。複式簿記は第6章でご紹介しますので，もう少しの辛抱です。

　まず，本章では，**継続記録法**と「**仕訳日記帳もどき**」を説明します[(1)]。

　(1)　仕訳日記帳と仕訳日記帳もどきの違いは，仕訳日記帳もどき（**表26, 27, 28**）では，不等価交換は損益科目と損益金額が空白になっています。しかし，第6章の仕訳日記帳では，損益計算書に属する勘定科目も金額も割り当てますのでご休心ください。

　なお，本章は第6章の準備のためだけの章であり，筆者の独自の見解も含まれますので，予めご了解ください。

## ▶実地棚卸法

　前章までで説明してきたのは，実地棚卸法という期末に現物を実際に数える方法でした。譬え話しで説明します（**表11**）。

### 表11　ある体重の増加例（単位：g）

| | | |
|---|---|---|
| 期首 | | 0 |
| 増加 | | |
| 1 期 | 不明 | |
| 2 期 | 不明 | |
| 3 期 | 不明 | |
| 計 | | 450 |
| 現在 | | 450 |

　ある小動物の体重を測定したところ 450g でした。だから，全利益は 450g だとする考え方が**実地棚卸法**の考え方です。実地棚卸法によって得られた残高は**実地棚卸残高**（略して**実残**）と呼びます。これを前章で説明しました。

#### ▶継続記録法

　以上は，当<sup>あ</sup>たり前と思われるでしょうが，実務では必ずしもそう単純ではありません。たとえば，実地棚卸法では無理矢理<sup>むりやり</sup>に太<sup>ふと</sup>らせて体重を増加させたのではないかという疑問に答えようがありません。

　仮に 0 期の体重を 0g とし，1 期の増減が＋ 100g，2 期の増減が＋ 150g，3 期の増減が＋ 200g という記録があれば，第 3 期末の体重は 0g ＋ 100g ＋ 150g ＋ 200g ＝ 450g と得られます。

　このような増減データから期末値<sup>ち</sup>を求める方法を**継続記録法**といい，継続記録法によって得られた残高を**帳簿残高**と呼びます。

　ここでは，実地残高と帳簿残高とは共<sup>とも</sup>に 450g と一致します。

#### ▶実地棚卸法と継続記録法の併用

　もし一致しない場合には調査して，不明な誤差については上司の承認を得て差額調整を帳簿残高に対して行います[2]。

> （2）　もし現金の帳簿残高は 450 円だとし，実地残高が 430 円だとすれば，次のような仕訳が行われることになります。説明は第 6 章で行います。
>
> | （借方）雑損失 20 円　　　（貸方）現金 20 円 |
> | --- |

　体重のウォーターフォール分析図[3]（**図 14**）をご覧ください。

> （3）　エクセル 2016 からは，エクセルシートでまずデータを選択して，挿入>ウォーターフォール図または株価チャートの挿入>ウォーターフォールと選択すれば，ウォーターフォールチャートが出来ます。

　黒の棒グラフが示す体重（実地棚卸残高）が 450g と聞けば，「ハイそうですね！」ですが，これを超える情報は出てきません。

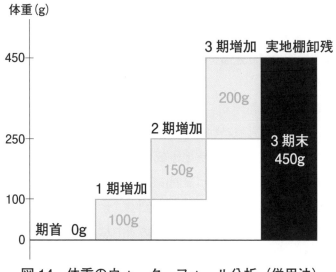

図 14　体重のウォーターフォール分析（併用法）

　しかし，同じ 450g の高さに到達するにしても，左の淡いグリーンの増減（ウォーターフォール図）のように，第 1 期，第 2 期および第 3 期に分ければ，それはそれで貴重な増減情報になります。

　第 4 章の貸借対照表では，次の二つのみの情報を利用しました。

- スタート時点での体重（この場合は 0g）
- 現時点での体重（3 期末の体重）

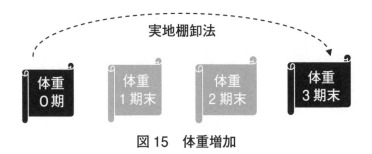

図 15　体重増加

　そして，期首と実地棚卸残との差 450g が「当期純利益」に相当します（図 15）。

　他方，第 3 期末の体重を求める継続記録法の原理は，**図 16** のようになります。

**図 16　継続記録法による体重の求め方**

　スタート時点（0 期）の状態に，全期分の増減（状態の変化）を加味すれば，現在の帳簿残高（体重 3 期末）が求められます。

　会計では，継続記録法を主とし，財産目録法を従として併用すると理解してください。

　したがって，現在（3 期末）の体重の測定法は，

●財産目録法……現時点で実際に測定する方法

●継続記録法……記録から残高を求める方法

の二つがあります。

　期末には，財産目録法の実地棚卸法で実地残高を求めて，帳簿残高を実地残高と比較することで，残高のダブルチェックを可能にします[4]。

（4）　たとえば，従業員による社内万引の疑義が生じた場合でも，継続記録法による帳簿残高（＝あるべき数字）がわからないと，いくらの万引が生じたのかすらわかりません。継続記録があれば，実はその商品は得意先に貸出し中で，不正はなかったと判明できることもあるでしょう。

　6 か月とか 10 か月とかの期中では，継続記録法で資産や負債の増減の記録をとって，説明責任を晴らすための資料を作成します。期末には，期末の棚卸残高と突合することで，その残高の正確性についての保証を得ます。

## 2 現金勘定残高のウォーターフォール分析の例

　ウォーターフォール分析は，二つの時点の増減，つまり変化を示します。もう一つの別の例を示したのが**図17**です。

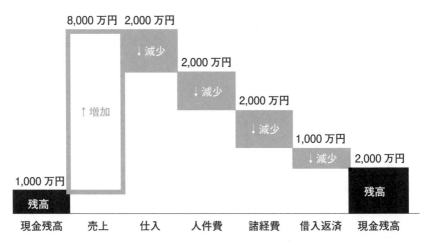

図17　現金残高を分析したウォーターフォール図

　これは，二時点の現金残高（1,000万円と2,000万円）の変化をグラフに示したものです。現金の期首残高に増減要素を加減して求めた様子や期末残高に一致している様子が一目でわかります。

　簿記では，期首の金額に当期の増減（変化）を加えれば，期末の帳簿上の残高になるという大切な原理があります。

つまり，

$$\boxed{\text{期首残高 1,000 万円}\ \pm\ \text{当期増減 1,000 万円}\ =\ \text{期末残高 2,000 万円}}$$

となります。

　そして，期末帳簿残高が期末棚卸残高に一致するか，一致しないとすればいくら合わないかを調査します。

　ここで述べた勘定ごとに行うウォーターフォール分析は，会計監査では勘定分析として知られていて，不能率，不正，エラーおよび粉飾決算の発見に役立つ監査手法となります（表 12）。

### 表 12　現金増減要約

| | | |
|---|---:|---:|
| 現金残高 | | 1,000 |
| 売上 | 8,000 | |
| 仕入 | − 2,000 | |
| 人件費 | − 2,000 | |
| 諸経費 | − 2,000 | |
| 借入返済 | − 1,000 | |
| 当期増減 | | 1,000 |
| 期末残高 | | 2,000 |

　残高の推移を見える化するためにエクセル 2016 から標準装備された機能が，「ウォーターフォールチャート機能」です。

　継続記録法で月末残高を 1 か月の増減残で求め，さらにその残高と実地残高を確認するという見える化機能，つまり検証機能を提供しています。

　このおかげで，経理担当者は不正の疑いを持たれることなく，安心して働くことができるのです。

# 3 仕訳日記帳もどき⁽¹⁾ による 貸借対照表の作成

表 13 は，仮想の投資ファンド会社の例です。

## 表 13 株式会社甲の取引事例

お金持ち A さんと科学者の B さんは，専ら特許権に投資する専門の甲株式会社を立ち上げました。

【4月1日の取引】

取引①：株主 A さんは甲社の普通預金に振り込みました。 100,000,000 円

取引②：株主 B さんは甲社の普通預金に振り込みました。 10,000,000 円

取引③：C さんは配当よりも確定利息 20%が貰える貸付金を選び，普通預金に振り込みました。 1,500,000 円

取引④：甲社はウイルス特効薬の特許 1 号を購入しました。 5,000,000 円

取引⑤：甲社はロボット部品の特許 2 号を購入しました。 6,000,000 円

取引⑥：甲社は自動運転用のセンサーの特許 3 号を購入しました。 4,000,000 円

取引⑦：特許 1 号は偽モノで，何の価値もないものと判明しました。

取引⑧：特許 2 号は素晴らしい働きをする特許で，これはすぐさま 100,000,000 円で転売し，普通預金に入金しました。

取引⑨：特許 3 号は，別の乙株式会社に来年 3 月末までの使用許諾を出して，本年中の受取特許料 8,000,000 円を振り込みで受け取りました。

【翌年 3 月 31 日の取引】

取引⑩：C さんに利息 20%，300,000 円を普通預金から支払い，さらに元本 1,000,000 円を返済しました。

（1）　<u>も</u><u>ど</u><u>き</u>とは，名詞の下に付いて，そのものに似て非なるもの，それに匹敵（ひってき）
　　するほどのものをあらわします。

　三つの特許権に投資しようという会社です。

　ここでは取引は 10 件しかありませんが，1 年後の普通預金勘定の残
高，特許権勘定の残高，借入金の残額を継続記録法で間違わずに出すに
は，それなりに緊張します。

　たとえば，普通預金残高 203,200,000 円，借入金残高 500,000 円で，
資本金残高 110,000,000 円であることは，電卓とメモ用紙があれば容易
に出せそうですが，特許権残高については，特許 1 号は残高 0 円，特許
2 号も残高 0 円，特許 3 号は 4,000,000 円で，結局，4,000,000 円と出た
でしょうか。

　結構，紛（まぎ）らわしいですね。

　次に，継続記録法の事例で説明しましょう(2)。

（2）　ここでは，仕訳日記帳<u>も</u><u>ど</u><u>き</u>と言っています。本章の段階では，損益計算
　　書の勘定科目と損益金額までは考えが至っておらず，未記入が 4 箇所もあるの
　　で未完成の仕訳日記帳（＝仕訳日記帳<u>も</u><u>ど</u><u>き</u>）です。未完成の仕訳日記帳を紹
　　介している理由は，第 6 章での説明のためのものです。その意味で，正しくは
　　仕訳日記帳ではなく，仕訳日記帳<u>も</u><u>ど</u><u>き</u>なのです。

　この事例は，売掛金，在庫および未払金がない非常にシンプルなビジ
ネスモデルです。また，取引⑦⑧⑨⑩は不等価交換になっています。不
等価交換については，取引⑦⑧⑨⑩をもう一度注意深くお読みください。
不等価交換では，損益が発生しています。

　この表 13 の取引を可視化（かしか）したのが図 18 のバリューフロー(3) です。

（3）　バリューフローは現金預金とその他の資産負債の流れを示し，キャッシュ
　　フローは現金預金の流れのみを分析します。

　この詳しい説明は本シリーズの『キャッシュフロー』をご参照願う
として，取引①から取引⑥と，取引⑧から取引⑩までの実線の矢線は現

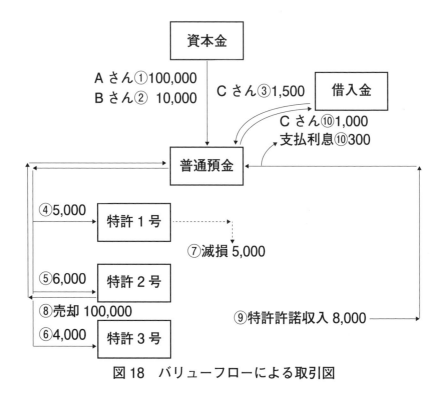

図18 バリューフローによる取引図

金預金の流れを示し，取引⑦の破線の矢線は価値の流れを示しています。

　ここから，各取引の解説をしましょう。

　取引，勘定科目，仕訳，貸借対照表などの定義の問題は先送りして，取り敢えず例題の解説を先にします。

　まず，第4章と本章とでは貸借対照表の作成方法が違うことに焦点を当てます。

## 【取引①の直前と直後】

　貸借対照表は財産目録が進化したもので，現在でもそれは様々な報告書の中で頂点に立つ表です。そこには，借方に資金使途を記載し，貸方に資金調達を書くのが習慣でした（42ページの図13）。

　取引①の直前というのは未だ取引がない状態ということで，より厳密<sup>げんみつ</sup>には，資本金の金額は 0 円と考えます（表 14）。

### 表 14　取引①の直前の貸借対照表

| （借方） | | 202X 年 4 月 1 日 | | （貸方） |
|---|---|---|---|---|
| （資産） | | 0 | （純資産） | 0 |
| | 資産計 | 0 | 純資産計 | 0 |

　取引①が終わった現実は，普通預金<sup>よきん</sup>が増えて残高が 100,000,000 円となり，資本金も 100,000,000 円となります。

　会計でも，貸借対照表の構図をそのまま受け入れます。

　そこで，取引後の貸借対照表を想定しましょう（表 15）。

### 表 15　取引①の直後の貸借対照表

| （借方） | | 202X 年 4 月 1 日 | | （貸方） |
|---|---|---|---|---|
| （資産）普通預金 | | 100,000,000 | （純資産）資本金 | 100,000,000 |
| | | | （純資産）当期純利益 | 0 |
| | 資産計 | 100,000,000 | 純資産計 | 100,000,000 |

　ここで，株主Ａさんの出資金 100,000,000 円は純資産である資本金を構成しますが，これは純資産であっても，利益ではないのです。

　この取引①の直前と直後の二つの報告書「貸借対照表」での変化，つまり，データの増加を最もよく表す記録法とはどのようなものでしょうか[4]。

　（4）　ここで**取引**の記録とは，ある期間の増減（変化と同じ）の記録です。取引
　　の結果の残高ではありません。

　取引の記録とは，二つの時点間での増減であって，ある時点での状態••という残高ではありません。

どう考えても，表 16 の仕訳による記録が最も簡単明瞭で実用的でしょう。

### 表 16　取引①に対する仕訳記録

| (借方) | | | 仕訳日記帳もどき | | (貸方) | |
|---|---|---|---|---|---|---|
| 取引① | (資産) | 普通預金 | 100,000,000 | (純資産) | 資本金 | 100,000,000 |

表 14 から表 15 となるためには，表 16 の増減があったはずと考えます。

この勘定科目の**増減**のことを，会計では**取引**（transaction），理系では差分（differencial），あるいは一般には**変化**といいます。

取引が会計特有の形式になったものを**仕訳**（journal）といい，仕訳を日付順に帳簿形式に並べたものが**仕訳日記帳**（general journal）です[5]。

(5)　一般に日記帳（journal）とは，出来事を発生順に記録した記録簿ですから，仕訳日記帳とは仕訳を発生時間順に記録した帳簿です。

仕訳日記帳を省略して**仕訳帳**ともいいます。

仕訳とは，その取引の直前と直後の貸借対照表における変化，つまり勘定科目と金額の増減を記す記録簿です。その例は，表 16 の「仕訳日記帳もどき」です。本書では，仕訳日記帳および仕訳日記帳もどきの標題と罫線は緑色で示しています。

ここで，お詫びをします。

本章でご紹介する仕訳日記帳は，等価交換なら不都合はないのですが，不等価交換の取引においては，勘定科目欄や金額欄が空白の状態があり，仕訳日記帳としては未完成な状態です。したがって，本章では，正式な仕訳日記帳ではなく，取り敢えず**仕訳日記帳もどき**と呼んでおきます。

取引①では，仕訳日記帳もどきの行のセルを緑色で示しています。

仕訳日記帳にカッコ付きでカテゴリー（資産，負債，……）を付記することなど見たことがないとクレームが来そうですが，仮にカッコが

あったとしても間違いとする法律はありませんし，カテゴリー欄があっても邪魔にはなりません。

　仕訳日記帳は会社内部の記録帳ですから，外部の目に晒されることもなく，記載様式の統一ルールの必要がないのです。

　なお本書では，設立資本金の入金取引（取引①と取引②）も含めて全ての取引は資本金ゼロの状態から始まることを前提としています(6)。

> (6)　会社の記帳に関しては，資本金の払込み時期や法人の設立時期でどう考えるかという議論はあります。もともとは，資本金の払込み時の直前までは資本金が０円でした。第４章では，あたかもスタート時において既に資本金50,000,000円があったかのように説明をしていますが，実は，この50,000,000円の資本金も会社設立後の取引の結果に増えた純資産です。資本金の払込みは同額の（資産）普通預金と（純資産）資本金を増やすだけなので，当期純利益を生まない取引（交換取引）と考えておきます。

## 【取引②】

　では，取引②の前後の貸借対照表はどう変化したのでしょうか。

　取引①と取引②は，金額が違うとはいえ，取引そのものは全くの同種類です。ですから，取引②に対する仕訳記録も全く同じであっていいはずです。そこで，仕訳日記帳もどき（**表17**）の２行目の緑色の仕訳にご注目ください。金額以外は取引①と取引②は同じです。

### 表17　取引②に対する仕訳記録

| | （借方） | 仕訳日記帳もどき | | | （貸方） |
|---|---|---|---|---|---|
| 取引① | （資産）普通預金 | 100,000,000 | （純資産）資本金 | | 100,000,000 |
| 取引② | （資産）**普通預金** | 10,000,000 | （純資産）**資本金** | | 10,000,000 |

追加

　表18の貸借対照表では２行分の取引の結果ですので，貸借対照表では金額は取引①と取引②の２行分の仕訳を加算する必要があります。

　実務では，取引の入力が終わった都度に貸借対照表を作成しませんが，何らかの理由で貸借対照表を出力する必要があれば出力は可能です。

### 表18　取引②の直後の貸借対照表

| （借方） | | 202X年4月1日 | | | （貸方） |
|---|---|---|---|---|---|
| （資産）普通預金 | | 110,000,000 | （純資産）資本金 | | 110,000,000 |
| | 資産計 | 110,000,000 | | 純資産計 | 110,000,000 |

　繰り返しますが，取引が終了する毎にいちいち貸借対照表を作成するのは煩雑なので，記録としては，仕訳日記帳もどきに取引記録つまり増減記録のみを保管します。

　つまり，**表17**の仕訳日記帳もどきは毎回作成するが，貸借対照表の作成は必要に応じてのみ出力します。

　しかし，本章では念のために，**表18**の貸借対照表を示しました。

　資本金は2回振り込んだ直後の金額で，実質的なスタート時点での純資産が110,000,000円となります。

## 【取引③】

　取引③では，預金が増えることは同じですが，資金調達の方法が違います。会社から見て，こうした調達を借入金といいます。

　仕訳日記帳もどきには3行目を書き足し，行のセルを緑色にします（**表19**）。

### 表19　取引③に対する仕訳記録

| | （借方） | | 仕訳日記帳もどき | | （貸方） | |
|---|---|---|---|---|---|---|
| 取引① | （資産） | 普通預金 | 100,000,000 | （純資産） | 資本金 | 100,000,000 |
| 取引② | （資産） | 普通預金 | 10,000,000 | （純資産） | 資本金 | 10,000,000 |
| 取引③ | （資産） | 普通預金 | 1,500,000 | （負債） | 借入金 | 1,500,000 |

　貸借対照表は取引毎に作成しませんが，仮に貸借対照表を作成したとすれば，**表 20** の貸借対照表となります。

　つまり，**表 19** の仕訳日記帳もどきで三つの仕訳を合算すれば，**表 20** の貸借対照表が得られます。

### 表 20　取引③の直後の貸借対照表

| （借方） | 202X 年 4 月 1 日 | （貸方） | |
|---|---|---|---|
| （資産）普通預金 | 111,500,000 | （負債）借入金 | 1,500,000 |
| | | （純資産）資本金 | 110,000,000 |
| 資産計 | 111,500,000 | 負債・純資産計 | 111,500,000 |

## 【取引④：交換取引】

　特許権という資産を購入しました。そこで，資産が増加したので，資産に 5,000,000 円と記録し，普通預金という資産が減っているので，**表 21** の仕訳日記帳もどきのようにマイナス符号をつけた－ 5,000,000 円とするのでしょうか。

　実は，**表 22** のように，複式簿記では資産の減少（－）は，資産側にマイナスではなく，反対側（ここでは貸方側）に記入します。

　資産（プラス）の減少（マイナス）は，資産のマイナスと同じことになるという考えに馴れてしまえば便利なルールです（第 7 章でマイナスの意味を説明します）。

　ここからは，取引後の貸借対照表の作成は 68 ページの〈補足資料〉にまとめて掲載しましたので，必要に応じて参照してください。

### 表21　取引④に対する仕訳記録（誤）

| | （借方） | | 仕訳日記帳もどき | | | （貸方） |
|---|---|---|---|---|---|---|
| 取引① | （資産） | 普通預金 | 100,000,000 | （純資産） | 資本金 | 100,000,000 |
| 取引② | （資産） | 普通預金 | 10,000,000 | （純資産） | 資本金 | 10,000,000 |
| 取引③ | （資産） | 普通預金 | 1,500,000 | （負債） | 借入金 | 1,500,000 |
| 取引④ | （資産） | 特許権 | 5,000,000 | | | |
| | （資産） | 普通預金 | -5,000,000 | | | |

マイナスは貸借を逆にする

### 表22　取引④に対する仕訳記録（正）

| | （借方） | | 仕訳日記帳もどき | | | （貸方） |
|---|---|---|---|---|---|---|
| 取引① | （資産） | 普通預金 | 100,000,000 | （純資産） | 資本金 | 100,000,000 |
| 取引② | （資産） | 普通預金 | 10,000,000 | （純資産） | 資本金 | 10,000,000 |
| 取引③ | （資産） | 普通預金 | 1,500,000 | （負債） | 借入金 | 1,500,000 |
| 取引④ | （資産） | 特許権 | 5,000,000 | （資産） | 普通預金 | 5,000,000 |

わかりやすくするために，取引④の行のセルは緑色にしました。

### 【取引⑤：交換取引】
### 【取引⑥：交換取引】

　取引⑤と取引⑥は，取引④と同じ勘定科目名「特許権」になり，その行のセルは緑色にしました（表23）。

### 表23　取引⑤と取引⑥に対する仕訳記録

| | （借方） | | 仕訳日記帳もどき | | | （貸方） |
|---|---|---|---|---|---|---|
| 取引① | （資産） | 普通預金 | 100,000,000 | （純資産） | 資本金 | 100,000,000 |
| 取引② | （資産） | 普通預金 | 10,000,000 | （純資産） | 資本金 | 10,000,000 |
| 取引③ | （資産） | 普通預金 | 1,500,000 | （負債） | 借入金 | 1,500,000 |
| 取引④ | （資産） | 特許権 | 5,000,000 | （資産） | 普通預金 | 5,000,000 |
| 取引⑤ | （資産） | 特許権 | 6,000,000 | （資産） | 普通預金 | 6,000,000 |
| 取引⑥ | （資産） | 特許権 | 4,000,000 | （資産） | 普通預金 | 4,000,000 |

## 【取引⑦：不等価交換取引】

特許権の資産価値が減少してしまう取引もあります。

会計では，取引相手がハッキリしない場合でも「取引」といいます。

そもそも，取引には**表 24**のように 2 種類あります。

### 表24 取引の分類

| 交換取引 | 等価交換取引です。資産，負債および純資産の各勘定科目の間において借方金額合計と貸方金額合計が等価であると考える取引です。取引①から取引⑥がこれに該当します。 |
|---|---|
| 損益取引 | 不等価交換取引です。損益取引については第6章で説明しますので，本章では「空欄のある取引」と仮に定義しておきます。 |

| 単一仕訳 | 一つの取引の中で借方に1勘定（あるいは空欄），かつ貸方に1勘定（あるいは空欄）からなる仕訳です。 |
|---|---|
| 複合仕訳 | 一つの取引の中で借方に2勘定以上，あるいは貸方に2勘定以上からなる仕訳です。単一仕訳以外の仕訳が，これに該当します。 |

### 表25 取引⑦に対する仕訳記録

| | （借方） | | 仕訳日記帳もどき | （貸方） | | |
|---|---|---|---|---|---|---|
| 取引① | （資産） | 普通預金 | 100,000,000 | （純資産） | 資本金 | 100,000,000 |
| 取引② | （資産） | 普通預金 | 10,000,000 | （純資産） | 資本金 | 10,000,000 |
| 取引③ | （資産） | 普通預金 | 1,500,000 | （負債） | 借入金 | 1,500,000 |
| 取引④ | （資産） | 特許権 | 5,000,000 | （資産） | 普通預金 | 5,000,000 |
| 取引⑤ | （資産） | 特許権 | 6,000,000 | （資産） | 普通預金 | 6,000,000 |
| 取引⑥ | （資産） | 特許権 | 4,000,000 | （資産） | 普通預金 | 4,000,000 |
| 取引⑦ | (A)(8) | | | （資産） | 特許権 | 5,000,000 |

（8）本章の仕訳日記帳の(A)から(D)までのアルファベットは説明のための記号です。

**表25**のように，取引⑦では，借方の（資産）にあるべき特許権が減

少しています。本来は借方科目のマイナスですから，これは貸方側に
「（資産）特許権 5,000,000 円」と記入します。取引⑦の借方科目のセル
(A) が空いていますが，本章では意図的に空けておきます。借方金額の
セルも，本章では空欄とします。本章では，借方金額と貸方金額とが不
一致のままとします。

　本章で説明する継続記録法による貸借対照表では，資産，負債および
純資産だけの増減を記録すれば足り，借方金額と貸方金額とが一致する
必要はありません。

## 【取引⑧：不等価交換取引かつ複合取引】

　売却して売り切った資産 6,000,000 円は，資産の減少ですから貸方記
入となり，増えた 100,000,000 円は，普通預金という資産の増加ですか
ら借方記入となります（表 26）。

### 表 26　取引⑧に対する仕訳記録

|  | （借方） | 仕訳日記帳もどき |  |  | （貸方） |
|---|---|---|---|---|---|
| 取引① | （資産）普通預金 | 100,000,000 | （純資産） | 資本金 | 100,000,000 |
| 取引② | （資産）普通預金 | 10,000,000 | （純資産） | 資本金 | 10,000,000 |
| 取引③ | （資産）普通預金 | 1,500,000 | （負債） | 借入金 | 1,500,000 |
| 取引④ | （資産）特許権 | 5,000,000 | （資産） | 普通預金 | 5,000,000 |
| 取引⑤ | （資産）特許権 | 6,000,000 | （資産） | 普通預金 | 6,000,000 |
| 取引⑥ | （資産）特許権 | 4,000,000 | （資産） | 普通預金 | 4,000,000 |
| 取引⑦ | (A) | | （資産） | 特許権 | 5,000,000 |
| 取引⑧ | （資産）普通預金 | 100,000,000 | （資産） | 特許権 | 6,000,000 |
|  | | | (B) | | |

　注意していただきたいのは，この取引⑧は損益取引と交換取引が一体
化した**複合取引**でもあるということです。
　不等価交換の差額が 94,000,000 円もあります。

　これも取引⑦に倣（なら）って，不等価の理由については貸借対照表の資産と負債・資本金ではないので，勘定科目と金額のセル（B）は意図的に空欄のままとします。

## 【取引⑨：不等価交換取引】

　この場合，特許権収入として，（資産）普通預金の増加がありました（**表27**）。これも，取引⑦や取引⑧と同様に，不等価の理由については意図的に空白とします。理由の勘定科目と金額のセル（C）を空白とします。

### 表27　取引⑨に対する仕訳記録

| | (借方) | | | 仕訳日記帳もどき | | (貸方) |
|---|---|---|---|---|---|---|
| 取引① | (資産) | 普通預金 | 100,000,000 | (純資産) | 資本金 | 100,000,000 |
| 取引② | (資産) | 普通預金 | 10,000,000 | (純資産) | 資本金 | 10,000,000 |
| 取引③ | (資産) | 普通預金 | 1,500,000 | (負債) | 借入金 | 1,500,000 |
| 取引④ | (資産) | 特許権 | 5,000,000 | (資産) | 普通預金 | 5,000,000 |
| 取引⑤ | (資産) | 特許権 | 6,000,000 | (資産) | 普通預金 | 6,000,000 |
| 取引⑥ | (資産) | 特許権 | 4,000,000 | (資産) | 普通預金 | 4,000,000 |
| 取引⑦ | (A) | | | (資産) | 特許権 | 5,000,000 |
| 取引⑧ | (資産) | 普通預金 | 100,000,000 | (資産) | 特許権 | 6,000,000 |
| | | | | (B) | | |
| 取引⑨ | (資産) | 普通預金 | 8,000,000 | (C) | | |

## 【取引⑩：不等価交換と等価交換】

　取引⑩については，

- 「損益取引と交換取引とが複合した一つの取引」（複合取引）と考えるか，あるいは，
- 一つの「不等価交換取引（300,000円）」（損益取引）と別の「等価取引（1,000,000円）」（交換取引）と考えて仕訳するか

という選択肢があり，どちらを選ぶかで記帳方法が違ってきます。

　どちらでも正解ですが，本書では前者の複合取引として取り扱うこと
にします（まず，この第2部を最後まで通読して，再度ここを読んでい
ただければ，自然とわかるようになります）。

　借入の元本は 1,500,000 円で，年利が 20％ですから，支払利息は
300,000 円となります。普通預金という資産の減少を，貸方に 1,300,000
円と記録します。この資産の減少の理由については無視して，借方の勘
定科目と金額は記録せずに意図的に空白にします。

　他方，借入元本の返済 1,000,000 円は借金の減少ですから，好ましい
ことです。ですから，増えた預金は借方に記帳するように，減った借金
も借方に記帳します。すなわち，普段は貸方にある（負債）借入金が
1,000,000 円だけ減少するときには，借入金の普段の貸方の反対側のポ
ジション「借方」に来ます。

　取引⑩の行のセル(D)は緑色にします。

### 表28　取引⑩に対する仕訳記録

| | （借方） | | 仕訳日記帳もどき | | （貸方） |
|---|---|---|---|---|---|
| 取引① | （資産） | 普通預金 | 100,000,000 | （純資産）資本金 | 100,000,000 |
| 取引② | （資産） | 普通預金 | 10,000,000 | （純資産）資本金 | 10,000,000 |
| 取引③ | （資産） | 普通預金 | 1,500,000 | （負債）　借入金 | 1,500,000 |
| 取引④ | （資産） | 特許権 | 5,000,000 | （資産）　普通預金 | 5,000,000 |
| 取引⑤ | （資産） | 特許権 | 6,000,000 | （資産）　普通預金 | 6,000,000 |
| 取引⑥ | （資産） | 特許権 | 4,000,000 | （資産）　普通預金 | 4,000,000 |
| 取引⑦ | (A) | | | （資産）　特許権 | 5,000,000 |
| 取引⑧ | （資産） | 普通預金 | 100,000,000 | （資産）　特許権 | 6,000,000 |
| 取引⑧ | | | | (B) | |
| 取引⑨ | （資産） | 普通預金 | 8,000,000 | (C) | |
| 取引⑩ | （負債） | 借入金 | 1,000,000 | （資産）　普通預金 | 1,300,000 |
| 取引⑩ | (D) | | | | |

あと一息です!!

# 4 仕訳日記帳もどきから貸借対照表が—エクセルでの説明

　説明のため，64ページの**表28**の継続記録法による仕訳法を，ここでは「仕訳日記帳もどき」と命名してご紹介します。

　ここでは，仕訳日記帳もどきからでも貸借対照表が作成できます（継続記録法といいます）。まず，貸方金額すべてにマイナス符号をつけてください。**表29**には緑色にしました。貸方にはマイナス符号が入っていることにご留意ください。

### 表29　変形の仕訳日記帳もどき（貸方金額マイナス表示）

| | （借方） | | 仕訳日記帳もどき | （貸方） | | |
|---|---|---|---|---|---|---|
| 取引① | （資産） | 普通預金 | 100,000,000 | （純資産） | 資本金 | −100,000,000 |
| 取引② | （資産） | 普通預金 | 10,000,000 | （純資産） | 資本金 | −10,000,000 |
| 取引③ | （資産） | 普通預金 | 1,500,000 | （負債） | 借入金 | −1,500,000 |
| 取引④ | （資産） | 特許権 | 5,000,000 | （資産） | 普通預金 | −5,000,000 |
| 取引⑤ | （資産） | 特許権 | 6,000,000 | （資産） | 普通預金 | −6,000,000 |
| 取引⑥ | （資産） | 特許権 | 4,000,000 | （資産） | 普通預金 | −4,000,000 |
| 取引⑦ | （A） | | | （資産） | 特許権 | −5,000,000 |
| 取引⑧ | （資産） | 普通預金 | 100,000,000 | （資産） | 特許権 | −6,000,000 |
| 取引⑧ | | | | （B） | | |
| 取引⑨ | （資産） | 普通預金 | 8,000,000 | （C） | | |
| 取引⑩ | （負債） | 借入金 | 1,000,000 | （資産） | 普通預金 | −1,300,000 |
| 取引⑩ | （D） | | | | | |

### 表30　変形の仕訳日記帳もどき

| | | |
|---|---|---|
| （資産） | 普通預金 | 100,000,000 |
| （資産） | 普通預金 | 10,000,000 |
| （資産） | 普通預金 | 1,500,000 |
| （資産） | 特許権 | 5,000,000 |
| （資産） | 特許権 | 6,000,000 |
| （資産） | 特許権 | 4,000,000 |
| （資産） | 普通預金 | 100,000,000 |
| （資産） | 普通預金 | 8,000,000 |
| （負債） | 借入金 | 1,000,000 |
| （純資産） | 資本金 | −100,000,000 |
| （純資産） | 資本金 | −10,000,000 |
| （負債） | 借入金 | −1,500,000 |
| （資産） | 普通預金 | −5,000,000 |
| （資産） | 普通預金 | −6,000,000 |
| （資産） | 普通預金 | −4,000,000 |
| （資産） | 特許権 | −5,000,000 |
| （資産） | 特許権 | −6,000,000 |
| （資産） | 普通預金 | −1,300,000 |

　仕訳日記帳もどきの貸方側を，仕訳日記帳もどきの下段にカット＆ペーストで移項します（**表30**）。このような操作をコンピューター科学では「正規化」といいます。

【サマリーソート】

　サマリーソートは，勘定科目をソートキーにしてソートし，同じ勘定科目名の場合には金額を合算します。

　残念ながらエクセルにはサマリーソート関数がないために，代わって小計関数（データ Deta> アウトライン Outline> 小計 Subtotal）を用います（これについては第9章で説明します）。

　これにより**表31**の要約表が得られます[1]。

（1）　ここで得られた要約表は，第6章で予定している試算表とは違います。本来の「試算表」には，損益計算書に属する項目も取り込まれます。あえて名前を付けるとすれば，「貸借対照表科目のみの残高試算表」となります。

### 表31　要約表

| | | |
|---|---|---:|
| （資産） | 普通預金 | 203,200,000 |
| （資産） | 特許権 | 4,000,000 |
| （負債） | 借入金 | − 500,000 |
| （純資産） | 資本金 | − 110,000,000 |
| | 差引計 | 96,700,000 |

この要約表を清書して，**表32**の貸借対照表を作成します。

### 表32　貸借対照表（表31の清書）

| 資　産 | 金　額 | 負債および資本金 | 金　額 |
|---|---:|---|---:|
| （資産）普通預金 | 203,200,000 | （負債）　借入金 | 500,000 |
| （資産）特許権 | 4,000,000 | （純資産）資本金 | 110,000,000 |
| | | 当期純利益(2) | 96,700,000 |
| 合計 | 207,200,000 | 合計 | 207,200,000 |

会計の習慣に沿うように体裁を整えます。

つまり，（資産）を借方，（負債）および（純資産）を貸方側に記入し，マイナス金額の項は右側に移項して正の数に置き換えます。

借方合計と貸方合計が一致するように，緑色の当期純利益の行を補充します(2)。

(2)　当期純利益＝資産 207,200,000 円−（負債 500,000 円＋純資産 110,000,000 円）＝ 96,700,000 円

以上の**表14**から**表32**までの一連の手続きを，本書では取引データ①から取引データ⑩までの「継続記録法による貸借対照表の作成法」と名付けます。

〈補足資料〉

　下記は，取引④の直後（取引⑤の直前）の貸借対照表です。

| （借方） | | （貸方） | | |
|---|---|---|---|---|
| （資産）普通預金 | 106,500,000 | （負債）　借入金 | | 1,500,000 |
| （資産）特許権 | 5,000,000 | （純資産）資本金 | | 110,000,000 |
| 資産計 | 111,500,000 | 負債・純資産計 | | 111,500,000 |

　下記は，取引⑤⑥の直後（取引⑦の直前）の貸借対照表です。

| （借方） | | （貸方） | | |
|---|---|---|---|---|
| （資産）普通預金 | 96,500,000 | （負債）　借入金 | | 1,500,000 |
| （資産）特許権 | 15,000,000 | （純資産）資本金 | | 110,000,000 |
| 資産計 | 111,500,000 | 負債・純資産計 | | 111,500,000 |

　下記は，取引⑦の直後（取引⑧の直前）の貸借対照表です。

| （借方） | | （貸方） | | |
|---|---|---|---|---|
| （資産）普通預金 | 196,500,000 | （負債）　借入金 | | 1,500,000 |
| （資産）特許権 | 10,000,000 | （純資産）資本金 | | 110,000,000 |
| | | （純資産）当期純利益 | ★ | 95,000,000 |
| 資産計 | 206,500,000 | 負債・純資産計 | | 206,500,000 |

　下記は，取引⑧の直後（取引⑨の直前）の貸借対照表です。

| （借方） | | （貸方） | | |
|---|---|---|---|---|
| （資産）普通預金 | 196,500,000 | （負債）　借入金 | | 1,500,000 |
| （資産）特許権 | 4,000,000 | （純資産）資本金 | | 110,000,000 |
| | | （純資産）当期純利益 | ★ | 89,000,000 |
| 資産計 | 200,500,000 | 負債・純資産計 | | 200,500,000 |

　下記は，取引⑨の直後（取引⑩の直前）の貸借対照表です。

| （借方） | | （貸方） | | |
|---|---|---|---|---|
| （資産）普通預金 | 204,500,000 | （負債）　借入金 | | 1,500,000 |
| （資産）特許権 | 4,000,000 | （純資産）資本金 | | 110,000,000 |
| | | （純資産）当期純利益 | ★ | 97,000,000 |
| 資産計 | 208,500,000 | 負債・純資産計 | | 208,500,000 |

★印の「当期純利益」は当期損益（項目(A)から(D)）ですが，資産計の金額と負債・当期純利益計の金額が一致するための，あたかも充填材となります。

# 第6章 損益計算書にも対応できるように複式簿記へ改良

◎複式簿記による仕訳が生まれました。

◎複式簿記で認められる仕訳日記帳が生まれました。

◎損益計算書が複式簿記から生まれました。

◎85 ページからの複合取引についての理解を深めてください。

## 1 本章でのワークフローによる見える化

　本章の1から4までの手順を，ワークフローを使って見える化をします。

　複式簿記データは，スタートが仕訳日記帳で，中間成果物は総勘定元帳，合計試算表，残高試算表および損益計算書です。最終成果物が貸借対照表です。

　データが仕訳日記帳から貸借対照表に要約される様子のワークフローを簡潔に説明するために，仕訳日記帳→総勘定元帳 のフローは第8章で詳しく説明しますので，本章では省略します。

　総勘定元帳と合計試算表の説明を後回しにするのは邪道だと叱られそうですが，本章では損益計算書と貸借対照表の原理を最短で説明することを最優先にしました。

　そうなると，本章でのワークフローは**表33**および**図19**の通りです。

　このワークフローでは，前章にはなかった⑪損益計算書が入っていることにもご留意ください。

### 表33　ワークフロー

（仕訳日記帳）
→①入力
→【2】エクセル
→（【A】④ソート・小計または【B】④ピボットテーブル）
→⑩残高試算表
→（⑪損益計算書および⑫貸借対照表）

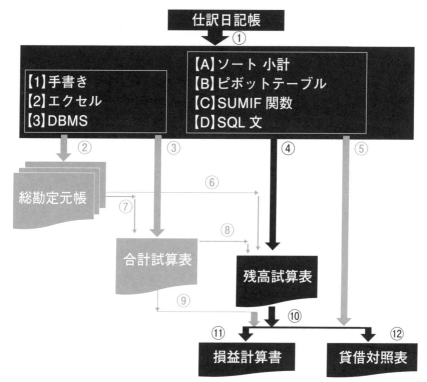

図19 貸借対照表と損益計算書作成のワークフロー

仕訳の説明も，やっと四つの発展段階の最終の第4段階まで来ました。

73ページの**表35**の仕訳日記帳もどき記録法では，(A)から(D)まで一部が空いていたので，仕訳と名乗るには不完全でした。

そこで，複式簿記では，仕訳は仕訳データとしての体裁を整え，かつ(A)から(D)の空きスペースを活用します。

(A)から(D)までが埋まったら，もう仕訳日記帳もどきではなく，一人前の仕訳日記帳となります。

## ２ 勘定科目一覧表

ここで話が少し横道<sub>よこみち</sub>にそれますが，ご容赦<sub>ようしゃ</sub>ください。

勘定科目一覧表（**表34**）は，カテゴリー番号順に勘定科目を整理し，勘定科目に番号を割<sub>わ</sub>り当<sub>あ</sub>てた表です。Chart of accounts ともいいます。

**表34　勘定科目一覧表**

| （カテゴリー） | 勘定科目 | 勘定科目番号 |
|---|---|---|
| （1 資産） | 1 普通預金，2 特許権 | 11，12 |
| （2 負債） | 1 借入金 | 21 |
| （3 純資産） | 1 資本金 | 31 |
| （8 収益） | 1 特許権許諾収入，2 特許権売却益 | 81，82 |
| （9 費用） | 1 減損，2 支払利息 | 91，92 |

実務では，仕訳を行<sub>おこな</sub>う前に使用可能な勘定名を登録しておきます。IT業界では，これは，勘定科目マスターへの登録と呼ぶ作業になります。

仕訳日記帳の中のデータを記録する場合，ソートした結果が実務的に読み易<sub>やす</sub>いように昇順に並んでいなければなりません。そこで，たとえば取引番号を2桁に統一し，勘定科目の数字を中のカテゴリーと勘定科目とし，ソート後と小計の後に会計的に規則に合う記載順となるように番号を割り当てます。具体的には，11 から 99 までの勘定科目番号を順に割り当てています。カテゴリーにも冒頭<sub>ぼうとう</sub>に1から3，8，9までを割り当てており，次いで勘定科目にも1と2を割り当てています。この番号の割当てにより，自ずと報告書（試算表，損益計算書，貸借対照表），総勘定元帳での科目は見<sub>み</sub>易<sub>やす</sub>く並<sub>なら</sub>びます。

# 3 不等価交換も含む仕訳日記帳

　（A）から（D）は資産（財産権や請求権），負債（支払義務），あるいは純資産ではありませんので，等価交換ではありません。不等価交換，つまり損益取引における資産，負債または純資産の不・等・価の理由です。

　表35の（A）から（D）までを空欄としたのでは勿体ないですから，とりあえず（A）から（D）までを表36のように埋めましょう。すると，貸借の金額が均衡しますから（240,800,000円），今後の検算も便利になります。

### 表35　仕訳日記帳（表28再掲）

| | （借方） | 仕訳日記帳もどき | | | （貸方） |
|---|---|---|---|---|---|
| 取引① | （1資産）1普通預金 | 100,000,000 | （3純資産）1資本金 | 100,000,000 | |
| 取引② | （1資産）1普通預金 | 10,000,000 | （3純資産）1資本金 | 10,000,000 | |
| 取引③ | （1資産）1普通預金 | 1,500,000 | （2負債）1借入金 | 1,500,000 | |
| 取引④ | （1資産）2特許権 | 5,000,000 | （1資産）1普通預金 | 5,000,000 | |
| 取引⑤ | （1資産）2特許権 | 6,000,000 | （1資産）1普通預金 | 6,000,000 | |
| 取引⑥ | （1資産）2特許権 | 4,000,000 | （1資産）1普通預金 | 4,000,000 | |
| 取引⑦ | （A） | | （1資産）2特許権 | 5,000,000 | |
| 取引⑧ | （1資産）1普通預金 | 100,000,000 | （1資産）2特許権 | 6,000,000 | |
| 取引⑧ | | | （B） | | |
| 取引⑨ | （1資産）1普通預金 | 8,000,000 | （C） | | |
| 取引⑩ | （2負債）1借入金 | 1,000,000 | （1資産）1普通預金 | 1,300,000 | |
| 取引⑩ | （D） | | | | |

　（A），（B），（C）および（D）を含む取引⑦⑧⑨および⑩の損益取引には儲かった場合と損をした場合がありますが，儲かった場合の理由が**収益**で，損をした場合の理由が**費用**です。それが，**表35**の（A）から（D）

までとなります。

（A）から（D）までの理由に適当な勘定科目名を付けます（表36）。太い線で囲んだ(A)～(D)のセルを残して他のセルのデータを消去します（81ページの表42）。

なお，表36の(A)から(D)までのセルは緑色にしてあります。

## 表36 損益項目を含んだ仕訳日記帳

| | （借方） | | | （貸方） | |
|---|---|---|---|---|---|
| 取引① | (1資産) 1普通預金 | 100,000,000 | (3純資産) 1資本金 | 100,000,000 |
| 取引② | (1資産) 1普通預金 | 10,000,000 | (3純資産) 1資本金 | 10,000,000 |
| 取引③ | (1資産) 1普通預金 | 1,500,000 | (2負債) 1借入金 | 1,500,000 |
| 取引④ | (1資産) 2特許権 | 5,000,000 | (1資産) 1普通預金 | 5,000,000 |
| 取引⑤ | (1資産) 2特許権 | 6,000,000 | (1資産) 1普通預金 | 6,000,000 |
| 取引⑥ | (1資産) 2特許権 | 4,000,000 | (1資産) 1普通預金 | 4,000,000 |
| 取引⑦ | (A) (9費用) 1減損 | 5,000,000 | (1資産) 2特許権 | 5,000,000 |
| 取引⑧ | (1資産) 1普通預金 | 100,000,000 | (1資産) 2特許権 | 6,000,000 |
| 取引⑧ | | | (B) (8収益) 2特許権売却益 | 94,000,000 |
| 取引⑨ | (1資産) 1普通預金 | 8,000,000 | (C) (8収益)1特許権許諾収入 | 8,000,000 |
| 取引⑩ | (2負債) 1借入金 | 1,000,000 | (1資産) 1普通預金 | 1,300,000 |
| 取引⑩ | (D) (9費用)2支払利息 | 300,000 | | |
| | 合計 | 240,800,000 | 合計 | 240,800,000 |

通常は，（A）から（D）までの勘定科目名は，会計業界の慣習に即して予め用意された1組の勘定科目表から選択します。これを清書すれば，通常使われる損益計算書（81ページの表43）となります。

52ページの表13に関する説明は，本章での貸借対照表の作成法と同じ説明になりますので省略します。実は，第5章の説明は，本章に入るための単なる前置きだったのです。

まずは，複数行表示の仕訳日記帳（表37）を作成します（ワークフロー①）。貸方は行を下げて表示されていることにご留意ください。緑色の行は，カテゴリー番号が（8収益）か（9費用）で示される損益項目

## 表37　仕訳日記帳（規格化された取引記録）

| 取引番号 | 借方科目 | 借方金額 | 貸方科目 | 貸方金額 |
|---|---|---|---|---|
| 取引① | （1資産）　1普通預金 | 100,000,000 | | |
| 取引① | | | （3純資産）1資本金 | 100,000,000 |
| 取引② | （1資産）　1普通預金 | 10,000,000 | | |
| 取引② | | | （3純資産）1資本金 | 10,000,000 |
| 取引③ | （1資産）　1普通預金 | 1,500,000 | | |
| 取引③ | | | （2負債）　1借入金 | 1,500,000 |
| 取引④ | （1資産）　2特許権 | 5,000,000 | | |
| 取引④ | | | （1資産）　1普通預金 | 5,000,000 |
| 取引⑤ | （1資産）　2特許権 | 6,000,000 | | |
| 取引⑤ | | | （1資産）　1普通預金 | 6,000,000 |
| 取引⑥ | （1資産）　2特許権 | 4,000,000 | | |
| 取引⑥ | | | （1資産）　1普通預金 | 4,000,000 |
| 取引⑦ | (A)（9費用）1減損 | 5,000,000 | | |
| 取引⑦ | | | （1資産）　2特許権 | 5,000,000 |
| 取引⑧ | （1資産）　1普通預金 | 100,000,000 | | |
| 取引⑧ | | | （1資産）　2特許権 | 6,000,000 |
| 取引⑧ | | | (B)（8収益）2特許権売却益 | 94,000,000 |
| 取引⑨ | （1資産）　1普通預金 | 8,000,000 | | |
| 取引⑨ | | | (C)（8収益）1特許権許諾収入 | 8,000,000 |
| 取引⑩ | （2負債）　1借入金 | 1,000,000 | | |
| 取引⑩ | (D)（9費用）2支払利息 | 300,000 | | |
| 取引⑩ | | | （1資産）　1普通預金 | 1,300,000 |

になります。

　この**表37**の仕訳日記帳こそが、「規格化された会計情報」そのものです。

- 取引番号の昇順に記録
- 行毎に、借方あるいは貸方のいずれかに科目と金額を記入
- 取引番号毎に、借方金額の合計と貸方金額の合計とが一致

　誤解を恐れずに言えば、この仕訳日記帳が情報技術者がいう「データベース」の会計版であり、500年の歴史がある規格化された会計情報なのです。

# 4 残高試算表

　総勘定元帳と合計試算表についての説明は飛ばし，本章では先を急いで，少しでも早く山の 頂 上 を目指します。

　ここでは，第5章で紹介した67ページの要約表（**表31**）の説明の繰り返しです。

　**表31**には損益計算書に属する勘定科目がありませんでしたが，**表38**や**表39**の残高試算表には損益計算書の項目があります。

　損益計算書の項目のセルは緑色にしてあります。

　サマリーソートでは，同じ勘定科目の金額は加減をします。

　科目をソートキーにしてソートし，同じ勘定科目名の場合には金額を合算します。

　貸方をマイナス表示した場合（**表30**）はプラス金額とマイナス金額とが相殺されているので，残高が示されます[1]。

（1）　同じ勘定科目において，プラスの金額同士を全部加え，マイナスの金額はマイナス同士を加えると，**合計試算表**が得られます。

### 表38　2段表示された残高試算表（サマリーソート後）

| カテゴリー | 勘定科目 | 金　額 |
|---|---|---|
| 1 資産 | 1 普通預金 | 203,200,000 |
| 1 資産 | 2 特許権 | 4,000,000 |
| 2 負債 | 1 借入金 | −500,000 |
| 3 純資産 | 1 資本金 | −110,000,000 |
| 8 収益 | 1 特許権許諾収入 | −8,000,000 |
| 8 収益 | 2 特許権売却益 | −94,000,000 |
| 9 費用 | 1 減損 | 5,000,000 |
| 9 費用 | 2 支払利息 | 300,000 |
| | | 0 |

　実務で多い残高試算表は**表 39**のように，マイナス符号付きの数字は右の貸方金額欄に移項し，マイナス符号は正とし，カテゴリー番号と勘定科目番号を消去し，合計行を追加した形式です。

　損益計算書の項目には緑色のアミかけをしています。

マイナス項目は貸方に移項

**表 39　残高試算表**

| 勘定科目 | 借方金額 | 貸方金額 |
|---|---|---|
| 普通預金 | 203,200,000 | |
| 特許権 | 4,000,000 | |
| 借入金 | | 500,000 |
| 資本金 | | 110,000,000 |
| 特許権許諾収入 | | 8,000,000 |
| 特許権売却益 | | 94,000,000 |
| 減損 | 5,000,000 | |
| 支払利息 | 300,000 | |
| 合計 | 212,500,000 | 212,500,000 |

　時折，日本でも欧米系の子会社などでは，エクセルなどの表計算ソフトで，マイナス金額を（カッコ）表示とする実務があります。

　こうすれば資産と貸方の2欄を1欄で間に合わせることができるために，桁数の節約になります（**表40**）。

　損益計算書の項目は緑色にしています。カッコ書きは試算表を1欄でスッキリ見せるために用いられる実務です。

　これには，エクセルの「ユーザー定義を行う手順」で行います（**図20**）。

**図 20 マイナスの（カッコ）表示**

(1) 設定したいセルにカーソルを合わせる。

(2) 右クリックして「セルの書式設定」を選択する。

(3) 「表示形式」タブ内の「数値」を選択する。

(4) 「種類」に設定したい表示形式を入力する。

(5) 「負の数の表示形式」はカッコ付を選択する。

**表 40** が，求めていた残高試算表です。

## 表 40　残高試算表　（カッコ表示）

| カテゴリー | 勘定科目 | 金額（貸方） |
|---|---|---|
| 1 資産 | 1 普通預金 | 203,200,000 |
| 1 資産 | 2 特許権 | 4,000,000 |
| 2 負債 | 1 借入金 | (500,000) |
| 3 純資産 | 1 資本金 | (110,000,000) |
| 8 収益 | 1 特許権許諾収入 | (8,000,000) |
| 8 収益 | 2 特許権売却益 | (94,000,000) |
| 9 費用 | 1 減損 | 5,000,000 |
| 9 費用 | 2 支払利息 | 300,000 |
| | | 0 |

　上の 4 行は貸借対照表のセルで，下の 4 行は損益計算書のセルです。

　表 39 の残高試算表と表 40 の残高試算表とは同じ情報を持っていることを確認してください。

# 5 複式簿記による貸借対照表

　以上の**表 35** から**表 41** までの一連の手続きを，本書では取引事例①から⑩までの「**複式簿記**による貸借対照表」の作成法といいます。

　複式簿記で貸借対照表を作るワークフローは，第 5 章の**表 29** から**表 32** までと全く同じですので，本章での説明は省略します。結果としての貸借対照表は**表 41** の通りです。

**表 41　貸借対照表**（67 ページの表 32 再掲）

| 資　　産 | 金　　額 | 負債および資本金 | 金　　額 |
|---|---|---|---|
| （資産）普通預金 | 203,200,000 | （負債）　借入金 | 500,000 |
| （資産）特許権 | 4,000,000 | （純資産）資本金 | 110,000,000 |
| | | 当期純利益 | 96,700,000 |
| 合計 | 207,200,000 | 合計 | 207,200,000 |

# 6 複式簿記でないとできない損益計算書

　損益計算書は，仕訳日記帳がないと作成できません。というのは，仕訳日記帳もどきでは損益の理由のセルを空白にしてきたので，損益計算書はできません。仕訳日記帳データの複式簿記によれば，恰も貸借対照表の副産物として作成されます。

　74ページの**表36**の仕訳日記帳から太い枠線に入っている（A），（B），（C）および（D）を抽出したものが**表42**の損益計算書です。

　**表42**を清書して，**表43**の損益計算書を得ます。

## 表42　太枠のセルから損益計算書

（借方）　　　　　　　　　　　　　　　　　　　　　　　　　（貸方）

|  |  |
|---|---|
|  | （C）（収益）特許権許諾収入　8,000,000 |
|  | （B）（収益）特許権売却益　94,000,000 |
| （D）（費用）支払利息　300,000 |  |
| （A）（費用）減損　5,000,000 |  |

## 表43　損益計算書

甲株式会社

| | | | |
|---|---|---|---|
| （C） | （収益）特許権許諾収入 | 8,000,000 | |
| （B） | （収益）特許権売却益 | 94,000,000 | |
| | 収益合計 | | 102,000,000 |
| （D） | （費用）支払利息 | 300,000 | |
| （A） | （費用）減損 | 5,000,000 | |
| | 費用合計 | | 5,300,000 |
| | 当期純利益 | | 96,700,000 |

　本章の貸借対照表と損益計算書で当期純利益が同額になっているために，これこそ正しい損益計算書と貸借対照表といえる報告なのです。

　67 ページの貸借対照表（**表 32**）から得られた当期純利益（96,700,000円）と，81 ページの損益計算書（**表 43**）から得られた当期純利益（96,700,000 円）が一致していることをご確認ください。

　計算が一致しているかを自分の目で確かめられることは，算盤と紙しかなかった時代には大変な利点でした。コンピュータが登場するまでは，経理は計算間違いという悪夢との戦いだったのです。

　この当期純利益の一致を，全体を俯瞰して解釈すれば次のようになります。

① 　貸借対照表が頂点にある財務報告です。「当期純利益 96,700,000円」は純資産の増加から求めます。

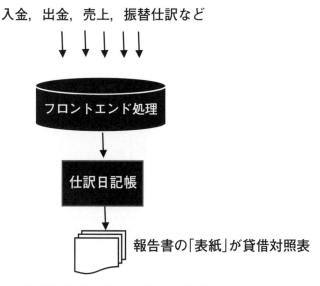

図 20a　仕訳日記帳と貸借対照表

②　貸借対照表の一項目「当期純利益 96,700,000 円」の詳細説明書が
　　損益計算書です。

　まとめると，会計情報は一度は仕訳日記帳に蓄積され，さらに貸借対
照表に集計されていきます。貸借対照表は様々な報告書の「表紙」にな
ります（**図 20a**）。

---

### マイナスの表示

　マイナス表記はＦＡＸやプリンター出力でマイナス符号（－）が相手方
に鮮明にうつらない場合があるので，欧米では（カッコ）が好まれます。
　日本では△や▲でマイナスを示す方法が多いのですが，欧米では通用
しない場合があります。

# 7 取引とバリューフロー

　取引とは交換であり，交換には経済的観点からは，**等価交換**と**不等価交換**があります。複式簿記では，これらを**交換取引**と**損益取引**と呼びます。

　我々の取引の記録法も，何がどう変化して，どうなったかを記録することだと考えられます（**表44**）。

**表44　交換取引，損益取引および複合取引**

| 取引分類 | 取引番号 | 別　解 |
|---|---|---|
| 等価交換，交換取引，単一仕訳 | ①②③④⑤⑥ | |
| 不等価交換，損益取引，単一仕訳 | ⑦⑨ | |
| 不等価交換，複合取引 | ⑧⑩ | あるいは二つの単一仕訳に分解するとする別解もあります(1)。 |

（1）　取引⑧と取引⑩には別解の仕訳があり，これについて，少し早いのですが解説をします（この注は，第7章の仕訳の原理をひと通り学習後にもう一度ご覧ください）。
　　**取引⑧**：この取引は次の二つの単一仕訳に分解できます。
　　**（その(1)：評価替え）**
　　売却に先立って特許2号を売却のために評価したら100,000,000円となり，6,000,000円で購入した特許2号の評価益は94,000,000円で，新評価が1億円となります。これは単一仕訳，不等価交換，かつ損益取引となります。
　　　（借方）特許権　94,000,000　　　（貸方）特許権売却益　94,000,000
　　**（その(2)：資産の交換）**
　　新評価1億円の特許2号が普通預金1億円と交換されたと考えられます。これは単一仕訳，等価交換，かつ交換取引となります。
　　　（借方）普通預金 100,000,000　　　（貸方）特許権　100,000,000
　　**取引⑩**：あたかも二つの単一仕訳があったように取り扱い，二つの仕訳を次の

ように分割します。

（その(1)：利息の支払い）

支払利息 300,000 円を普通預金から支払った（単一仕訳，不等価交換，損益取引）。

〔借方〕支払利息 300,000　　　　　〔貸方〕普通預金　300,000

（その(2)：元本の支払い）

元本 1,000,000 円を普通預金から支払った（単一仕訳，等価交換，交換取引）。

〔借方〕借入金　1,000,000　　　　　〔貸方〕普通預金　1,000,000

取引なら図に描けるはずだ，と思われた読者がいれば，それは鋭い人です。

52 ページの**表13**の取引事例に対応するバリューフロー図（54 ページの**図18**）を描き直したのが 87 ページの**図21**です。

一定のルールで描いた図で，本シリーズの『キャッシュフロー』で詳しくご紹介しますが，取引①から取引⑥がいわゆる交換取引となり，損益取引は⑦⑧⑨⑩，複合取引は⑧⑩となります。

**(1)　交換取引①〜⑥**

交換取引とは，貸借対照表の勘定科目→貸借対照表の勘定科目で示される取引です。

**(2)　損益取引⑦〜⑩**

[楕円の科目]→貸借対照表の勘定科目，あるいは，

貸借対照表の勘定科目→[楕円の科目]

が損益取引となります。緑色の部分は損益計算書に属する勘定科目です。

| 取引⑦ | (A) (9 費用) 1 減損 | 5,000,000 | (1 資産) 2 特許権 | 5,000,000 |
| 取引⑨ | (1 資産) 1 普通預金 | 8,000,000 | (C) (8 収益)1 特許権許諾収入 | 8,000,000 |

⑦⑨の他にも，⑧⑩も一部に損益があるので，全部で⑦⑧⑨⑩と四つの取引が損益取引となります。

**(3)　複合取引⑧⑩**

　複合取引とは，一つの勘定が次のように複数の相手勘定（諸口 <ruby>しょくち<rt></rt></ruby>）を持つ場合です。言い換えれば，一つの仕訳において三つ以上の勘定科目が現れる仕訳です。

　この複合取引が DBMS と相性が悪く，会計を難しくしています。

| 取引⑧ | （1 資産）1 普通預金 | 100,000,000 | （1 資産）2 特許権 | 6,000,000 |
|---|---|---|---|---|
| | | | (B)（8 収益）2 特許権売却益 | 94,000,000 |

　また，次の取引⑩も複合取引となります(2)。

| 取引⑩ | (D)（9 費用）2 支払利息 | 300,000 | （1 資産）1 普通預金 | 1,300,000 |
|---|---|---|---|---|
| | （2 負債）1 借入金 | 1,000,000 | | |

(2)　ちなみに，次の二つの仕訳を別個にした場合には，これは複合取引にはならず，一つの交換取引と一つの損益取引になります。つまり，二つの単一仕訳になります。

| 取引⑧ | （1 資産）1 普通預金 | 6,000,000 | （1 資産）2 特許権 | 6,000,000 |
|---|---|---|---|---|
| | （1 資産）1 普通預金 | 94,000,000 | (B)（8 収益）2 特許権売却益 | 94,000,000 |
| 取引⑩ | (D)（9 費用）2 支払利息 | 300,000 | （1 資産）1 普通預金 | 300,000 |
| | （2 負債）1 借入金 | 1,000,000 | （1 資産）1 普通預金 | 1,000,000 |

　複合取引のうち，仕訳科目に損益がある場合は，理論上はこれも損益取引となりますから，複合取引かつ損益取引となります。

　実務で面倒なのが複合取引です。

　複合取引は，次のような取引に頻繁に現れます。

- 売掛金の振込手数料 が売り手負担の場合に発生します。顧客は振込手数料を差し引いた額しか払いません。あたかも全額を回収して，直ちに振込手数料を銀行に払ったと解して仕訳します。
- 給料の支払いでの各種控除。
- 税理士や司法書士などに対する支払いでの源泉税相当額の徴収。

　これらに関わる領収書などの整理・保存でも面倒になります。その会社の書類保存ルールに従ってください。

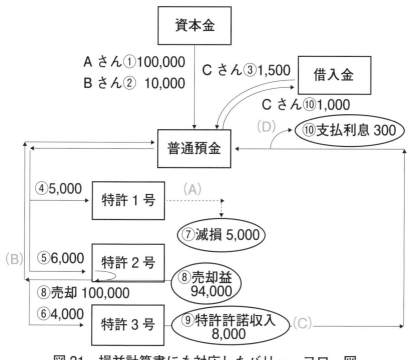

図21　損益計算書にも対応したバリューフロー図

　取引①から取引⑩までをバリューフローにして可視化しました。

　ここでの説明は割愛しますが，現金預金の流れ（取引⑦を除いた取引①から取引⑩まで）を示し，それに取引⑦バリューの減損の流れを加味しています。

　**図21**のバリューフロー図は，貸借対照表項目を四角形で，損益計算書項目を楕円形で囲んであります。

　取引⑧は矢線の出発点が別々に2本（6,000と94,000）あります。また，取引⑩が借入金返済1,000と利息の支払い300と二つありますから，バリューフロー図でも矢線が2か所に登場します。

---

### 与謝野鉄幹

　２ページで紹介した与謝野晶子の夫，与謝野鉄幹（1873 〜 1935）は歌人。慶応義塾大学教授，文化学院創立者の一人。

　代表作となる詩歌集『紫紅集』に「友を恋ふる歌」があり，その16番のうちで最初の３番までは以下の通りです。

♪１番　妻を娶らば才長けて
　　　　見目美わしく情ある
　　　　友をえらばば書を読みて　六分の侠気　四分の熱

♪２番　恋の命を尋ぬれば
　　　　名を惜むかな男ゆえ
　　　　友の情を尋ぬれば
　　　　義のあるところ　火をも踏む

♪３番　汲めや美酒　歌姫に
　　　　乙女の知らぬ意気地あり
　　　　簿記の筆とる若者に
　　　　真の男　君を見る

　３番後半を現代語に訳すると，「会計ソフトに入力する若者の／本当の男らしさを，貴男に見つけました。」となります。

**与謝野鉄幹**
（出典：Wikipedia パブリックドメイン）

# 第7章　複式簿記の仕訳ルールを覚える方法

◉抵抗なく93ページの「取引の組み合わせ表」を暗記できるようであれば，本章を飛ばしてください。

# 1 仕訳の５要素

　表 45 の仕訳日記帳データは仕訳形式で各社毎に規格化されており，様々な問合せに対応した報告形式で出力されます。

### 表 45　仕訳の例（コード表示）

| 取引番号 K | 借方科目 L | 借方金額 M | 貸方科目 N | 貸方金額 O |
|:---:|:---:|:---:|:---:|:---:|
| 1 | 41 | 100,000,000 | 11 | 100,000,000 |

　本書で「規格」とは，複式簿記のルールに沿った記録をいいます。もっと簡単にいえば，それは会計ソフトが受け付ける仕訳日記帳データです。

　K は，昇順に並べることができる番号から構成されます。実務では，取引日でこれに代えることもあります。L と N には，カテゴリー番号と勘定科目番号の組み合わせから構成され，データのソートの昇順キーになりますが，実務ではカテゴリーの部分の記載を省略する場合が多いです。L と N のカテゴリー番号と勘定科目番号の欄では，欄にはコード番号だけを入力しておき，勘定科目名は勘定科目名テーブルから拾ってくる別テーブル方式が一般的です[1]（176 ページの**表 77**）。

> （1）　エクセルですと，LOOKUP 関数，つまり VLOOUP 関数と HLOOKUP 関数を利用する原理です。

　記入した勘定コードに結び付けることができる勘定科目がない場合には，誤りの警告が出るようにします。M の借方金額と O の貸方金額とは共にプラスの同一の値であるとします[2]。

> （2）　貸方金額をマイナス値で示す，あるいはマイナス値をカッコつきで示す実務は欧米では珍しくありませんが，本書でもマイナス値で示す場合があります。

# 2　仕訳のルール

　本章では，どのような原理で仕訳日記帳が作成されているかを**図23**のワークフロー分析で説明します。

　この図の最上部の黒色の箇所に注目してください。ここで「仕訳の入力」で借方とされた金額は，最後の貸借対照表まで借方金額です。つまり，借方とされた金額は，その後のワークフロー①から最後の⑫の貸借対照表まで借方です。同様に，貸方とされた金額は，①から最後の⑫まで貸方となります。

　本章のどの覚え方でも構いませんので，自分に覚えやすい方法で仕訳ができるようになってください。

　まず，「借方が左，貸方が右」の覚え方は，借りかたの「り」の撥ねる向きが左向きですから左，貸しかたの「し」の撥ねる向きが右向きですから右と覚えましょう。

　英語では，借方は Debit ですので，D は左撥ねで左側，貸方は Credit ですので，C は右撥ねで右側と覚えましょう。

**図22　借方と貸方の覚え方**

　仕訳の覚え方は，世界地図上の貸借対照表（42 ページの**図13** 参照）を記憶の頂点に置き，それをカテゴリー（資産，負債，純資産）の定位置（ポジション）とすると覚えやすいでしょう。

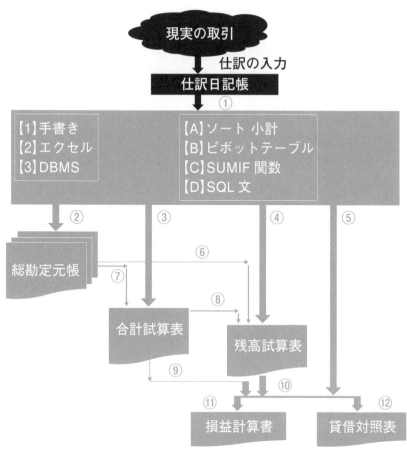

図 23　仕訳インターフェースに関するワークフロー図

# 3 組み合わせ表を暗記して仕訳を覚える

　そこで本章では，貸借記入の原理図を考えてみましょう。

　図24 で示した原理図は，その取引が借方にある四つカテゴリーの何れに属するか，同時に貸方にある四つのカテゴリーのいずれに属するかのうちで最も相応しい組み合わせを探し，仕訳をする場合のガイドラインにするというものです。

　しかし，13 組の仕訳は，簡単，確実には暗記できないのが問題です。

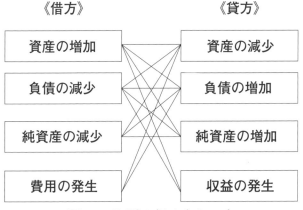

《借方》　　　　　　　《貸方》

| 資産の増加 | 資産の減少 |
| 負債の減少 | 負債の増加 |
| 純資産の減少 | 純資産の増加 |
| 費用の発生 | 収益の発生 |

図24　取引の組み合わせ表

# 4 ……へ(to)，……から(from)で覚える

　ほとんどの取引で，「価値は……へ，価値は……から」が成立します。価値の流れを考える場合，価値の流れが貸方「……から」，借方「……へ」に向かう，と説明ができます。ですから，「……へ」なら借方，「……から」は貸方と覚えるのです。87 ページの**図21** のバリューフロー図も，実は矢線（→）を「……から，……へ」に従って引いただけのものです。矢線の出発地が貸方で，到着地が借方です（**表46**）。

　ハコ（□）の出入り残高を集めたものが貸借対照表で，楕円（○）の出入り残高を集めたものが損益計算書ですが，これについては本シリーズの『キャッシュフロー』をご参照ください。

### 表46　仕訳日記帳（……へ，……から）

| | 借方「……へ」 | 金　額 | 貸方「……から」 | 金　額 |
|---|---|---|---|---|
| 取引① | (1資産) 1 普通預金へ | 100,000,000 | (3純資産) 1 資本金から | 100,000,000 |
| 取引② | (1資産) 1 普通預金へ | 10,000,000 | (3純資産) 1 資本金から | 10,000,000 |
| 取引③ | (1資産) 1 普通預金へ | 1,500,000 | (2負債) 1 借入金から | 1,500,000 |
| 取引④ | (1資産) 2 特許権へ | 5,000,000 | (1資産) 1 普通預金から | 5,000,000 |
| 取引⑤ | (1資産) 2 特許権へ | 6,000,000 | (1資産) 1 普通預金から | 6,000,000 |
| 取引⑥ | (1資産) 2 特許権へ | 4,000,000 | (1資産) 1 普通預金から | 4,000,000 |
| 取引⑦ | (A)(9費用) 1 減損へ | 5,000,000 | (1資産) 2 特許権から | 5,000,000 |
| 取引⑧ | (1資産) 1 普通預金へ | 100,000,000 | (1資産) 2 特許権から | 6,000,000 |
| | | | (B)(8収益) 2 特許権売却益から | 94,000,000 |
| 取引⑨ | (1資産) 1 普通預金へ | 8,000,000 | (C)(8収益) 1 特許権許諾収入から | 8,000,000 |
| 取引⑩ | (2負債) 1 借入金の返済へ | 1,000,000 | (1資産) 1 普通預金から | 1,300,000 |
| 取引⑩ | (D)(9費用) 2 支払利息へ消えた | 300,000 | | |

　以上の「……へ，……から」の関係をパラパラ漫画の仕組みに擬して
説明すると，ビジネスのスタートが顔1（つまり貸借対照表）で，

顔1＋変化①＝顔2　　顔2＋変化②＝顔3

顔3＋変化③＝顔4　　顔4＋変化④＝顔5

となり，顔5が期末の貸借対照表に例えられます。

　変化とは「取引の仕訳」で，たとえば図25の変化①から変化④まで
が，仕訳の四つ分に対応します。

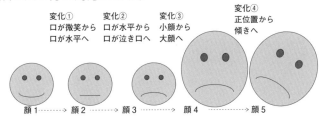

**図25　貸方から，借方へ（1）**

**図26　貸方から，借方へ（2）**

　そこで仕訳のルール，（貸方）……から消して，（借方）……へ加える
と転換しているように対応しています。今までの借方が貸方から消えて
なくなり，別の借方が借方に置きかわります。この図は，資産が現金化
されて，それが支払われて費用になる様子をよく表しています。そして，
図26では，顔2から顔4までは作成を省略し，期首の顔1と期末の顔
5を作ります[1]。

（1）　複式簿記ソフトでは，仕訳が入力されると同時に貸借対照表が作成され，貸借
　　　対照表も印刷できますが，実務では貸借対照表を毎回の取引後に印刷する人はお
　　　らず，月末あるいは年度末のタイミングで貸借対照表を印刷するのが普通です。

## 5　プラスとマイナスの乗算で覚える

　前記の覚え方がお気に召さない読者には，資産には（＋）の属性，負債と純資産には（－）があると考えてください。

　増加は（＋），減少は（－）の乗算をすると，**表47**の乗算が成り立ちます(1)。

　（1）　このような演算は，XNOR（排他的論理和の否定）回路として情報科学では知られています。別名を「一致回路」といいます。

**表47　プラス・マイナスによる貸借ルール**

| | | | 計算例 | | | |
|---|---|---|---|---|---|---|
| （＋）×（＋）＝（＋） | | | （資産）×（増加） | ＝（＋） | ＝借方 |
| （－）×（＋）＝（－） | | | （負債と純資産）×（増加） | ＝（－） | ＝貸方 |
| （＋）×（－）＝（－） | | | （資産）×（減少） | ＝（－） | ＝貸方 |
| （－）×（－）＝（＋） | | | （負債と純資産）×（減少） | ＝（＋） | ＝借方 |

# 6 プラスとマイナスの増減で覚える

　初歩者向けの仕訳のルールは次の通りです。

**【ルール1】**資産が**増加**しましたか？

　　　　　資産は貸借対照表に記載のポジションと同じ側の資産とします。あるいは，資産は（＋），増加を（＋）と考えて，（＋）を借方と考えても結構です。

**【ルール2】**負債および純資産が**増加**しましたか？

　　　　　負債と純資産は貸借対照表に記載のポジションと同じ側の貸方とします。あるいは，負債や純資産は（－）と考えて，増加も（＋）と考え，貸方（－）と取り扱いますと，貸方になると覚えても結構です。

**【ルール3】**資産が**減少**（－）しましたか？

　　　　　これは減少のケースです。貸借対照表に記載のポジションと逆の貸方とします。あるいは，資産は（＋）で，減少（－）したときは，貸方（－）に記入します。

**【ルール4】**負債および純資産が**減少**（－）しましたか？

　　　　　これも減少のケースです。貸借対照表に記載のポジション（貸方）と負の資産とします。あるいは，負債および純資産は（－）で，減少（－）したときは，貸方（＋）に記入します。負の資産（負債）が減るのだから，プラスないい話（＋）と考えても結構です。

【ルール 5】不等価交換の場合

　　差額が費用（損失）か収益（利益）かのいずれかになります。「損益（そんえき）」という言葉で覚えておきましょう（図 27）。「益・損」ではなく，「損・益」というが如（ごと）きで，損が左側（借方），益が右側（貸方）になります。

## そん ・ えき
### 図 27　損益の覚え方

## 7 | プラスとマイナスで覚える

　筆者の考える仕訳の原理のベストの覚え方を紹介します。

　前述の【ルール 1】と【ルール 2】を適用して，資産が増加なら，貸借対照表での資産（借方）と同じ側に来ます。負債と純資産が増加なら，貸借対照表での負債と純資産（貸方）と同じ側に来ます。そして，【ルール 3】と【ルール 4】で，貸借対照表科目が減少なら，逆となります。

　貸借が【ルール 5】の損益取引（不等価交換）では，「そん・えき」とだけ覚えておけば，仕訳には必要にして十分です（図 28）。わざわざ益損計算書という人はいません。

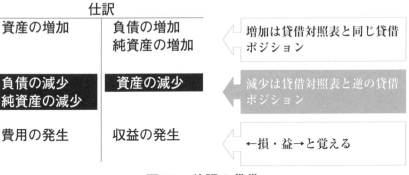

図 28　仕訳の貸借

## 第2部のまとめ

> **1** かつて会計報告は，財産目録で行いました。
> **2** 現在の貸借対照表は，財産目録が進化したものです。
> **3** 仕訳とは，取引の直前・直後の貸借対照表の変化を記録することです。
> **4** 仕訳を集めた帳簿を仕訳日記帳といいます。

上記の4項目をしっかりと覚えてください(1)。

(1)　あたかも損益計算書が貸借対照表よりも重視される学説「動態論」もあり，これによれば説明も違ったものになりますが，仕訳や簿記という観点からは貸借対照表を報告書の頂点に据える方が初心者には理解が早いと思われます。したがって，本書では，貸借対照表を頂点に置いた複式簿記「静態論」を紹介しています。上場企業や国際会計基準の採用会社でもない限り，本書での説明が問題になることはないと思われます。

# 練習問題

---

**【問題1】** 次の項目の中で，財産目録に記載されるべき科目を一つ選びなさい。

(ア)　普通預金

(イ)　資本金

(ウ)　給料手当

(エ)　売上高

(筆者作成)

---

《解答》　(ア)　普通預金

　(ア)の普通預金には，財産（ほぼ資産と同じ）としての残高があります。これには財産としての価値がありますので，財産目録にも記載されなければいけません。

　(イ)の資本金は，過去の出資時に資金調達した金額で，現時点の財産ではありません。同時に，債務(1) 残高でもありません。

　(ウ)の給料手当は，過去の一定期間に払われた金銭的犠牲(2) で，現時点の債務の残高ではありません。支払済みかもしれません。

　(エ)の売上高は，過去の一定期間に受けた金銭的便益（収益）で，現

時点の債権（受取の権利）の残高ではありません。

(1)　債務と負債とは厳密には異なりますが，会計担当の立場からすると，同義としても実務上の不都合はありません。

(2)　金銭的犠牲が費用とは，定義上は同じかどうかについて上記（1）と同じく，同義としても実務上の不都合はありません。

---

**【問題2】**　次の項目の中で，最も性格の異なるものを一つ選びなさい。

(ア)　現金

(イ)　売掛金

(ウ)　資産

(エ)　原材料

(日商簿記初級類題)

---

《解答》　（ウ）　資産

（ア）の現金，（イ）の売掛金および（エ）の原材料は，資産と呼ばれるカテゴリーに属する勘定科目です。（ウ）の資産は，（ア）（イ）（エ）のカテゴリー名です。72ページの**表34**を参照してください。

---

**【問題3】**　次の文章の空欄に該当するものとして，最も適当な用語を選びなさい。

「企業の経営活動に必要な（　　　）や債権は，簿記会計では資産と呼ばれる。」

(ア)　資本金

(イ)　売掛金

(ウ)　売掛債権

(エ)　財貨

（日商簿記初級類題）

**《解答》　（エ）　財貨**

　（ア）の資本金は，資本調達の一方法の金額です。「資産と呼ばれる」ことはありません。

　（イ）の売掛金は，売掛債権の一種ですが，債権は既に問題文の中に用いられています。重複するので最も適当な用語にはなりません。

　（ウ）の売掛債権は，請求権の中でも特に販売に起因するものをいいます。債権，売掛債権あるいは請求権は意味が重複するため，最も適当な説明ではありません。

　（エ）の財貨，つまり現金や商品および固定資産は，債権と共に資産です。

　資産にはいくつかの種類がありますので，下記にまとめました。

〈資産の分類〉

| 資産（≒財産） | | | |
|---|---|---|---|
| 現　金 | 債権（ほぼ請求権）<br>例：売掛金 | モ　ノ | |
| | | 商品製品 | 固定資産 |

【問題4】　次の文章の空欄に該当するものとして，最も適当な用語を選びなさい。

「仕訳において借方（　　　　　）が貸方（資産の減少）と結び付けることができる。」

（ア）　資産の減少

（イ）　負債の減少

（ウ）　負債の増加

（エ）　収益の発生

（日商簿記初級類題）

《解答》　（イ）　負債の減少

（ア）　資産（＋）×減少（－）＝貸方（－）

（イ）　負債（－）×減少（－）＝借方（＋）

（ウ）　負債（－）×増加（＋）＝貸方（－）

（エ）　収益（－）×発生（＋）＝貸方（－）

問題文中の資産の減少とは（＋）×（－）＝（－）＝貸方です。

貸方に同時に結び付けられるのは，同額の借方ですから（イ）です。

（借方）負債の減少　　　（貸方）資産の減少

という取引，つまり，銀行預金を引き下ろして借入金を払った，という取引が，これに該当する例です。

【問題 5】　下記の取引の仕訳を示しなさい。ただし，勘定科目は選択肢の中から最も適当なものを使用すること。なお，消費税は考慮しなくてもよい。

「株主 A から 3,000,000 円の出資を受け，普通預金口座に入金された。」

| 借方科目 | 金　額 | 貸方科目 | 金　額 |
|---|---|---|---|
| | | | |

〈勘定科目の選択肢〉

現金，当座預金，普通預金，借入金，資本金

（日商簿記初級類題）

《解答》

| 借方科目 | 金　額 | 貸方科目 | 金　額 |
|---|---|---|---|
| 普通預金 | 3,000,000 | 資本金 | 3,000,000 |

【問題 5】では，カテゴリー名，カテゴリー番号および科目番号は使っていません。

これらは本書特有（とくゆう）の説明です。本書では，科目欄には科目カテゴリー（資産，負債，純資産，収益および費用）も説明のために加筆しています。

ここでお勧めなのが，56 ページの**表 16** の取引①の〈直前の貸借対照表〉（55 ページの**表 14**）と〈直後の貸借対照表〉（55 ページの**表 15**）を頭の中で思い浮かべることです。

仕訳を考えるより先に，取引直後にどんな貸借対照表ができるのかを

考えるのが味噌です。

## 直前の貸借対照表（甲）

| 借方科目 | 金　額 | 貸方科目 | 金　額 |
|---|---:|---|---:|
| （資産） | 0 | （純資産） | 0 |

## 直後の貸借対照表（乙）

| 借方科目 | 金　額 | 貸方科目 | 金　額 |
|---|---:|---|---:|
| （資産）普通預金 | 3,000,000 | （純資産）資本金 | 3,000,000 |

　会計でいう取引とは貸借対照表の「変化」で，仕訳とは取引毎の二つの貸借対照表の差分データです。本書では，変化とか差分のことを増加あるいは減少という言葉で表現しています。

　なお，実際は取引毎に貸借対照表を作成するわけではなく，仕訳形式の取引記録だけが作成されます。

## 仕訳（＝（乙）－（甲））

| 借方科目 | 金　額 | 貸方科目 | 金　額 |
|---|---:|---|---:|
| （資産）普通預金 | 3,000,000 | （純資産）資本金 | 3,000,000 |

　解答は，上記の〈仕訳〉を書き換えて前述のようになります。

### 《別解》

　慣れてくれば，どの順番で仕訳を考えればいいのでしょうか。

　97ページの【ルール1】の取引の結果において資産が増えたかどうかが目に見え易いので，最初に考えます。資産の増加があるので，資産の側（借方）にその科目「普通預金」を記録します。資産の増加とする金額が3,000,000円です。

　次いで，【ルール2】の負債の増加はありません。

　しかし,同じく【ルール2】によって資本金の増加がありますので,これは純資産の増加です。

　本問では,【ルール3】と【ルール4】によるべき仕訳はありません。

　また,本取引は交換取引と考えられるので,【ルール5】の出番もありません。

---

**【問題6】** 電気料金150,000円を小切手を振り出して支払った。仕訳を示しなさい。

| 借方科目 | 金　額 | 貸方科目 | 金　額 |
|---|---|---|---|
|  |  |  |  |

〈勘定科目の選択肢〉

現金,当座預金,普通預金,受取手形,支払手形,水道光熱費

(日商簿記初級類題)

---

《解答》

| 借方科目 | 金　額 | 貸方科目 | 金　額 |
|---|---|---|---|
| 水道光熱費 | 150,000 | 当座預金 | 150,000 |

　「小切手を振り出して支払った」とあるので,自分の(資産)当座預金が減ったと考えます。97ページの【ルール1】に該当する取引ではありません。

　(資産)当座預金の減少なので,【ルール3】が当て嵌まり,貸方側に科目と金額を記入します。

98ページの【ルール5】については，電気料金を払うことでは見合いの資産を受け取っていませんし，あるいは負債の軽減も受けていませんので，不等価交換，つまり損益取引と考えます。

「損・益」ルールで損だから借方と判断します。

---

**【問題7】** あるメーカーの当期損益の見込みは下表のとおりでしたが，その後，広告宣伝費が5億円，保有株式の受取配当金が3億円増加しました。このとき，最終的な営業利益と経常利益はそれぞれ何億円になりますか。ここで，広告宣伝費，保有株式の受取配当金以外は全て見込み通りであったものとします。

(億円)

| 項　　目 | 金　額 |
|---|---|
| 売上高 | 1,000 |
| 売上原価 | 780 |
| 販売費及び一般管理費 | 130 |
| 営業外収益 | 20 |
| 営業外費用 | 16 |
| 特別利益 | 2 |
| 特別損失 | 1 |
| 法人税，住民税及び事業税 | 50 |

(ITパスポート令和元年秋期)

---

《解答》

問題文中の損益計算書を適当なフォームにし，そのイメージを書きます。控除項目の金額にはマイナスを付します。

| 項　　目 | 金　額 |
|---|---|
| 売上高 | 1,000 |
| 売上原価 | -780 |
| 販売費及び一般管理費 | -130 |
| 営業利益 | 90 |
| 営業外収益 | 20 |
| 営業外費用 | -16 |
| 経常利益 | 94 |
| 特別利益 | 2 |
| 特別損失 | -1 |
| 法人税，住民税及び事業税 | -50 |
| 当期純利益 | 45 |

　次に，「その後，広告宣伝費が5億円，保有株式の受取配当金が3億円増加しました」という情報を修正欄に追加しますと，修正後欄が得られます。

| 項　　目 | 金　額 | 修　正 | 修正後 | 〈例〉 |
|---|---|---|---|---|
| 売上高 | 1,000 | | 1,000 | |
| 売上原価 | -780 | | -780 | |
| 販売費及び一般管理費 | -130 | -5 | -135 | 給料手当，水道光熱費 |
| 営業利益 | 90 | -5 | 85 | |
| 営業外収益 | 20 | 3 | 23 | 受取利息 |
| 営業外費用 | -16 | | -16 | 支払利息 |
| 経常利益 | 94 | -2 | 92 | |
| 特別利益 | 2 | | 2 | 受取保険金 |
| 特別損失 | -1 | | -1 | 火災損失 |
| 法人税，住民税及び事業税 | -50 | | -50 | |
| 当期純利益 | 45 | -2 | 43 | |

　なお，特別利益と特別損失という項目には，天災とかの一過性の損益が多く見られます。

　経常利益にはこれらを含みません。

　営業外収益には受取利息や受取配当金が，営業外費用には支払利息が含まれます。営業利益にはこれらを含みません。

## 映画「武士の家計簿」

　加賀藩の御算用者，今でいう石川県総務部財政課の官僚にあたる猪山直之（なおゆき）とその子・成之（なりゆき）の生き方がテーマとされる。

　時代は江戸末期から明治期にかけてですが，刀（かたな）ではなく算盤を武器に倹約により財政再建を達成する父・直之。受身的な生き方に反発した成之は，結局，会計事務に加えて兵站（へいたん）事務の知識を生かして海軍主計大監（たいかん）まで昇

金沢城
（出典：Wikipedia パブリックドメイン）

進する。厳しかった父は既に年老い，息子に背負われて……。

　江戸時代の会計実務がよくわかる映画です。幕末の変革期に翻弄（ほんろう）されながらも，持っていた簿記と算盤というスキルの意義が大きく変わることで，特に成之の立場も変わってしまいました。

# ◉第３部◉

# エクセルではちょっと無理。仕訳日記帳から出力まで

### 勘定科目の命名法

　勘定科目の命名法は, 様々な規則と習慣から成り立っています。一部については, 税務で決まっている勘定名（交際費, 会議費, 寄付金）もありますが, 全部がそうでもありません。多くの上場企業の場合は, 監査法人（公認会計士）の判断によります。実務上は, 複式簿記ソフトで提供されている勘定名をそのまま使うのが無難です。本書では, 一目でわかる勘定科目名を採用したいため, あえて特許権許諾収入, 特許権売却益, 減損および支払利息としました。普通の事業会社であれば, 「売上高, 固定資産売却益, 固定資産除却損, 支払利息」という勘定科目を取り敢えず使用するところです。

# 第8章　仕訳日記帳からエクセルソートで総勘定元帳まで

◎仕訳日記帳を勘定科目順でソートすれば総勘定元帳になります。

◎総勘定元帳を取引日順にソートすれば仕訳日記帳に戻（もど）ります。

◎これらのソートは「単純ソート」で, 「サマリーソート」ではありませんから, データ要約やデータ切捨てなどはありません。

◎総勘定元帳の勘定毎の要約情報を集めて合計試算表を求めることが出来ます。

◎複合仕訳では, 相手勘定名に「諸口」（しょくち）と書く場合があります。難解ですから要注意です。

◎本章を手書きで行う例は第13章に示しました。

　第2部では，仕訳日記帳データは既に規格に即して入力済みとなっている前提としました。つまり，これらはフロントエンドでの入力チェックは終わった仕訳データです。

　複式簿記では基本的に，全部の個々の取引に関する仕訳データは，仕訳日記帳（とそのソート済み記録である総勘定元帳との両方）に蓄積されます。

　この二つ以外の会計記録と報告はすべて要約データですから，個々の取引に関する問い合わせについては，原理的には次の参照方法しかありません。

- 仕訳日記帳
- 総勘定元帳
- これらの入力の基になった伝票（紙）

コンピュータ会計ソフトの時代が到来する以前は，取引に関する問い合わせに対しては，予め取引を総勘定元帳(1)に転記しておき，専ら総勘定元帳と伝票の束を参照しながら対応していました。

（1）　**総勘定元帳**とは，仕訳日記帳を勘定カテゴリー順・勘定科目順・取引日順にソートしてできる帳簿をいいます。個々の取引を得意先別に並べた売掛金元帳および仕入先別に並べた買掛金元帳については本シリーズの『ERP会計』をご参照ください。

# 1 ワークフローの概要

本章では，手書き簿記（第 13 章）を，表計算ソフトであるエクセルを使って一早く実現します。読者のみなさんがエクセルを使うという前提での説明のもとでは，みなさんは算盤の計算ミスやペンによる転記[1]ミスなどの心配から解放され，より複式簿記のロジックに集中できます。

（1） 仕訳日記帳から総勘定元帳へ順番を変えて書き写すことを**転記**（posting）といいます。会計でいう転記は，実はコンピュータではソートをすることです（第 9 章参照）。

本章の総勘定元帳の作成方法は，手書き簿記を単にエクセル上で実現しようとした方法です。つまり，本書では，第 13 章で手書き簿記を紹介するよりも先に，エクセルを使って手軽な方法を紹介します[2]。

（2） 他の簿記の教科書と比べて少し雑な印象を持たれるかもしれませんが，いずれにしても実務での月次の締め切り法は会計ソフト任せがほとんどですし，それで何の不都合もありません。月次の締め切り法をここでご紹介する理由は，原理の例示のためだけです。

ここでのワークフローは，**表 48** および**図 29**（特に緑色の部分）となります。なお，仕訳日記帳①がすでにできていたものとします。

**表 48　要約と並び順**

| データの要約 | ソート順 | |
|---|---|---|
| | 取引番号順→勘定科目順 | 勘定科目順→取引番号順 |
| 個々の取引 | 仕訳日記帳① | 総勘定元帳② |
| 集計表 | | 合計試算表⑦<br>残高試算表⑥⑧<br>損益計算書（⑥と⑧の分割情報⑪）<br>貸借対照表（⑥と⑧の分割情報⑫） |

## 2　仕訳日記帳①

　上記のタイトル（見出し）において，仕訳日記帳の後尾にある①は，
117ページの**図29**のワークフローの図に記載の丸数字です。仕訳日記帳
も総勘定元帳も，いずれも個々の取引をベタ打ちにしたものです。

　仕訳日記帳とは，「日記帳」という名前の通り，日付順に書き込む帳簿
で，総勘定元帳とは，そのソートの結果を勘定科目順に並べ替えたもの
です。

### 表49　ワークフロー

仕訳日記帳①
→【2】エクセル【A】ソート
→ソート
→総勘定元帳②（清書）

　本書では，仕訳日記帳のデータを昇順ソートする場合，ソート結果が
会計的な意味と習慣に合致するようにカテゴリー番号と勘定科目番号に
統一した勘定コードを予め作成しておきます（**表50**）。

### 表50　勘定科目一覧表（Chart of accounts）

| 第1ソートキー | 第2ソートキー |
|---|---|
| （1資産） | 1普通預金，2特許権 |
| （2負債） | 1借入金 |
| （3純資産） | 1資本金 |
| （8収益） | 1特許権許諾収入，2特許権売却益 |
| （9費用） | 1減損，2支払利息 |

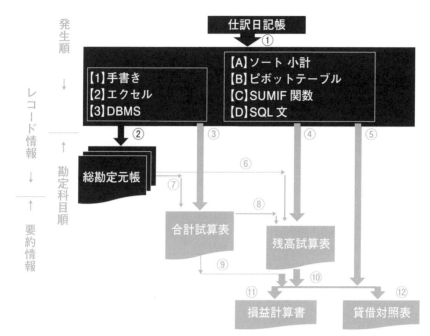

**図29　ワークフロー（仕訳日記帳から総勘定元帳まで）の図**

　つまり，勘定科目の先頭についているカテゴリー名（第1ソートキー）と，勘定科目名を第2ソートキーにした昇順ソート後に，取引データが読みやすく並ぶように勘定コードを割り当てます。

　このソートは，伝統的な会計では「転記」と呼ばれる作業で，実はソートと転記は内容的には同じ作業にもかかわらず，経理部とシステム部では違った用語を使います。

　ここでの説明のスタートは**表51**の仕訳日記帳です。

　この仕訳日記帳の最下行で金額欄の合計を求め，二つの金額240,800,000円が一致することを確認します。

　また，太線で囲った仕訳は「複合仕訳」を意味します。

## 表51　仕訳日記帳（ソート前）

| 取引番号 | 勘定科目 | 金額（借方） | 勘定科目 | 金額（貸方） |
|---|---|---|---|---|
| 取引① | （1 資産）1 普通預金 | 100,000,000 | （3 純資産）1 資本金 | 100,000,000 |
| 取引② | （1 資産）1 普通預金 | 10,000,000 | （3 純資産）1 資本金 | 10,000,000 |
| 取引③ | （1 資産）1 普通預金 | 1,500,000 | （2 負債）1 借入金 | 1,500,000 |
| 取引④ | （1 資産）2 特許権 | 5,000,000 | （1 資産）1 普通預金 | 5,000,000 |
| 取引⑤ | （1 資産）2 特許権 | 6,000,000 | （1 資産）1 普通預金 | 6,000,000 |
| 取引⑥ | （1 資産）2 特許権 | 4,000,000 | （1 資産）1 普通預金 | 4,000,000 |
| 取引⑦ | （9 費用）1 減損 | 5,000,000 | （1 資産）2 特許権 | 5,000,000 |
| 取引⑧ | （1 資産）1 普通預金 | 100,000,000 | （1 資産）2 特許権 | 6,000,000 |
|  |  |  | （8 収益）2 特許権売却益 | 94,000,000 |
| 取引⑨ | （1 資産）1 普通預金 | 8,000,000 | （8 収益）1 特許権許諾収入 | 8,000,000 |
| 取引⑩ | （2 負債）1 借入金 | 1,000,000 | （1 資産）1 普通預金 | 1,300,000 |
| 取引⑩ | （9 費用）2 支払利息 | 300,000 |  |  |
|  | 計 | 240,800,000 | 計 | 240,800,000 |

一致

複数行表示の仕訳日記帳（**表52**）へ

# 3　総勘定元帳②

　120ページの**表52**は，118ページの**表51**を勘定科目1個につき1行で示した様式に書き替えたものです。

　この**表52**はソート直前の状態です。下段に移項した貸方金額の項目のセルのバックは緑色にしました。

　また，総勘定元帳には相手勘定も便利なので，相手勘定欄を用意します。相手勘定が複数あるような場合は「諸口」と記載します（取引⑧⑩）。

　多くの会計ソフトでは，複合仕訳の入力画面は「振替伝票」画面だけしか受け付けないので，その画面入力に従います。入出金伝票は，通常，複合仕訳には対応していません。

　120ページの**表52**の仕訳日記帳をカテゴリー番号順・勘定科目番号順・取引番号順に昇順ソートしたものが122ページの**表54**の総勘定元帳です。

　多くの検索（問い合わせ）では，ユーザーにとって勘定科目名が先にわかっている場合が多いので，勘定科目からの絞り込みを可能にしておきます。

　つまり，仕訳をカテゴリー番号順・勘定科目番号順・取引番号順に並べておくと，素早く特定の取引を見つけられます。

　総勘定元帳は，仕訳日記帳と共によく使われる帳簿です。

　総勘定元帳のように勘定科目別に並んでいる帳簿を元帳（ledger）といいます。

　これに対し，日付順に並んでいる帳簿を日記帳（journal）あるいは出納帳といいます。

1行表示の仕訳日記帳（表51）から

## 表52　複数行表示の仕訳日記帳（ソート前）

| 取引番号 | 勘定科目 | 相手勘定 | 借方金額 | 貸方金額 |
|---|---|---|---|---|
| 取引① | （1 資産）　1 普通預金 | 資本金 | 100,000,000 | |
| 取引① | （3 純資産）1 資本金 | 普通預金 | | 100,000,000 |
| 取引② | （1 資産）　1 普通預金 | 資本金 | 10,000,000 | |
| 取引② | （3 純資産）1 資本金 | 普通預金 | | 10,000,000 |
| 取引③ | （1 資産）1 普通預金 | 借入金 | 1,500,000 | |
| 取引③ | （2 負債）1 借入金 | 普通預金 | | 1,500,000 |
| 取引④ | （1 資産）2 特許権 | 普通預金 | 5,000,000 | |
| 取引④ | （1 資産）1 普通預金 | 特許権 | | 5,000,000 |
| 取引⑤ | （1 資産）2 特許権 | 普通預金 | 6,000,000 | |
| 取引⑤ | （1 資産）1 普通預金 | 特許権 | | 6,000,000 |
| 取引⑥ | （1 資産）2 特許権 | 普通預金 | 4,000,000 | |
| 取引⑥ | （1 資産）1 普通預金 | 特許権 | | 4,000,000 |
| 取引⑦ | （9 費用）1 減損 | 特許権 | 5,000,000 | |
| 取引⑦ | （1 資産）2 特許権 | 減損 | | 5,000,000 |
| 取引⑧ | （1 資産）1 普通預金 | 諸口 | 100,000,000 | |
| 取引⑧ | （1 資産）2 特許権 | 普通預金 | | 6,000,000 |
| 取引⑧ | （8 収益）2 特許権売却益 | 普通預金 | | 94,000,000 |
| 取引⑨ | （1 資産）1 普通預金 | 特許権許諾収入 | 8,000,000 | |
| 取引⑨ | （8 収益）1 特許権許諾収入 | 普通預金 | | 8,000,000 |
| 取引⑩ | （2 負債）1 借入金 | 普通預金 | 1,000,000 | |
| 取引⑩ | （9 費用）2 支払利息 | 普通預金 | 300,000 | |
| 取引⑩ | （1 資産）1 普通預金 | 諸口 | | 1,300,000 |
| | 計 | | 240,800,000 | 240,800,000 |

ソート

表53へ（ソート後）

欄の追加

## 表53　複数行表示の仕訳日記帳（ソート後）

| 取引番号 | 勘定科目 | 相手勘定 | 借方金額 | 貸方金額 |
|---|---|---|---|---|
| 取引① | （1資産）1普通預金 | 資本金 | 100,000,000 | |
| 取引② | （1資産）1普通預金 | 資本金 | 10,000,000 | |
| 取引③ | （1資産）1普通預金 | 借入金 | 1,500,000 | |
| 取引④ | （1資産）1普通預金 | 特許権 | | 5,000,000 |
| 取引⑤ | （1資産）1普通預金 | 特許権 | | 6,000,000 |
| 取引⑥ | （1資産）1普通預金 | 特許権 | | 4,000,000 |
| 取引⑧ | （1資産）1普通預金 | 諸口 | 100,000,000 | |
| 取引⑨ | （1資産）1普通預金 | 特許権許諾収入 | 8,000,000 | |
| 取引⑩ | （1資産）1普通預金 | 諸口 | | 1,300,000 |
| 取引④ | （1資産）2特許権 | 普通預金 | 5,000,000 | |
| 取引⑤ | （1資産）2特許権 | 普通預金 | 6,000,000 | |
| 取引⑥ | （1資産）2特許権 | 普通預金 | 4,000,000 | |
| 取引⑦ | （1資産）2特許権 | 減損 | | 5,000,000 |
| 取引⑧ | （1資産）2特許権 | 特許権 | | 6,000,000 |
| 取引③ | （2負債）1借入金 | 普通預金 | | 1,500,000 |
| 取引⑩ | （2負債）1借入金 | 普通預金 | 1,000,000 | |
| 取引① | （3純資産）1資本金 | 普通預金 | | 100,000,000 |
| 取引② | （3純資産）1資本金 | 普通預金 | | 10,000,000 |
| 取引⑨ | （8収益）1特許権許諾収入 | 普通預金 | | 8,000,000 |
| 取引⑧ | （8収益）2特許権売却益 | 普通預金 | | 94,000,000 |
| 取引⑦ | （9費用）1減損 | 特許権 | 5,000,000 | |
| 取引⑩ | （9費用）2支払利息 | 普通預金 | 300,000 | |
| | 計 | | 240,800,000 | 240,800,000 |

清　書

## 表54 総勘定元帳（表60の罫線清書）

| 取引番号 | 勘定科目 | 相手勘定 | 借方金額 | 貸方金額 |
|---|---|---|---|---|
| 取引① | （1資産）1 普通預金 | 資本金 | 100,000,000 | |
| 取引② | （1資産）1 普通預金 | 資本金 | 10,000,000 | |
| 取引③ | （1資産）1 普通預金 | 借入金 | 1,500,000 | |
| 取引④ | （1資産）1 普通預金 | 特許権 | | 5,000,000 |
| 取引⑤ | （1資産）1 普通預金 | 特許権 | | 6,000,000 |
| 取引⑥ | （1資産）1 普通預金 | 特許権 | | 4,000,000 |
| 取引⑧ | （1資産）1 普通預金 | 諸口 | 100,000,000 | |
| 取引⑨ | （1資産）1 普通預金 | 特許権許諾収入 | 8,000,000 | |
| 取引⑩ | （1資産）1 普通預金 | 諸口 | | 1,300,000 |
| 取引④ | （1資産）2 特許権 | 普通預金 | 5,000,000 | |
| 取引⑤ | （1資産）2 特許権 | 普通預金 | 6,000,000 | |
| 取引⑥ | （1資産）2 特許権 | 普通預金 | 4,000,000 | |
| 取引⑦ | （1資産）2 特許権 | 減損 | | 5,000,000 |
| 取引⑧ | （1資産）2 特許権 | 普通預金 | | 6,000,000 |
| 取引③ | （2負債）1 借入金 | 普通預金 | | 1,500,000 |
| 取引⑩ | （2負債）1 借入金 | 普通預金 | 1,000,000 | |
| 取引② | （3純資産）1 資本金 | 普通預金 | | 10,000,000 |
| 取引① | （3純資産）1 資本金 | 普通預金 | | 100,000,000 |

どうしても**表53**の複数行表示の仕訳日記帳が総勘定元帳に見えてこない読者は，補助線の入った**表54**の総勘定元帳をご覧いただければ，総勘定元帳に見えてきます。

さらに，仕訳日記帳をカテゴリー番号順・勘定科目番号順・取引番号順に昇順ソートして，勘定科目が新しいものに変わる毎に1行空け，T字形に罫線を引きます。

その結果，得られるのが**表54**の総勘定元帳です。

金額欄には**表53**と同じ額が記載されていることもご確認ください。

損益取引は下記のように集計しました。

| 取引⑨ | (8収益) 1 特許権許諾収入 | 普通預金 | | 8,000,000 |
| 取引⑧ | (8収益) 2 特許権売却益 | 普通預金 | | 94,000,000 |
| 取引⑦ | (9費用) 1 減損 | 特許権 | 5,000,000 | |
| 取引⑩ | (9費用) 2 支払利息 | 普通預金 | 300,000 | |

　予め勘定の取引毎に仕訳日記帳での相手勘定名も参考までに記入しておくと, **表55** の総勘定元帳はどういった仕訳かを特定できるので便利です。

　たとえば 124 ページの**表55** の★印の取引は, この記入が,

(借方)普通預金　100,000,000 円　　(貸方)資本金　100,000,000 円

という仕訳であることがすぐにわかります。

　**表55** の緑アミの金額は, 通常, このような会計ソフトによる勘定の月次締め切り作業も読み手の便宜のために同時に出力されます。

　ここでは, 会計の慣習に従うべく, 貸方のマイナス符号は符号なしに置き換えました。

　取引⑧と取引⑩は複合取引で, 取引の相手勘定と金額とが複数存在します。

　複数の相手勘定は 1 行には書き切れないので, 「諸口」と記入します。

　会計ソフトでは, その「諸口」をダブルクリックすると, その基になった振替伝票 (複合仕訳の伝票) が出てくる仕組みとして提供しています。

　残念ながら, DBMS は一つの行に 2 行の入力は受け付けないこととされています。

# 4 さらに改良した総勘定元帳

表55は，さらに一般的な総勘定元帳の様式です。

点線の楕円で囲まれた相手勘定が「諸口」とされた取引がありますが，これは会計ソフトであればダブルクリックによるドリルダウンでオリジナルの複合仕訳を見ることができます。いずれにしても，「諸口」取引は扱いに難点が残りますが，残念ながら「諸口」は受け入れてください。

### 表55 総勘定元帳（改良版）

| | | | | | | |
|---|---|---|---|---|---|---|
| (1資産）1普通預金 | | | | | | |
| 取引① | 資本金 | ★ 100,000,000 | | | | |
| 取引② | 資本金 | 10,000,000 | | | | |
| 取引③ | 借入金 | 1,500,000 | | | | |
| | | | 取引④ | 特許権 | 5,000,000 | |
| | | | 取引⑤ | 特許権 | 6,000,000 | |
| | | | 取引⑥ | 特許権 | 4,000,000 | |
| 取引⑧ | 諸口 | 100,000,000 | | | | |
| 取引⑨ | 特許権許諾収入 | 8,000,000 | | | | |
| | | | 取引⑩ | 諸口 | 1,300,000 | |
| | | 219,500,000 | | | 16,300,000 | |
| | | | | 次月繰越 | 203,200,000 | |
| | | 219,500,000 | | | 119,500,000 | |
| | 前月繰越 | 203,200,000 | | | | |
| (1資産）2特許権 | | | | | | |
| 取引④ | 普通預金 | 5,000,000 | | | | |
| 取引⑤ | 普通預金 | 6,000,000 | | | | |
| 取引⑥ | 普通預金 | 4,000,000 | | | | |
| | | | 取引⑦ | 減損 | 5,000,000 | |
| | | | 取引⑧ | 普通預金 | 6,000,000 | |
| | | 15,000,000 | | | 11,000,000 | |
| | | | | 次月繰越 | 4,000,000 | |
| | | 15,000,000 | | | 16,000,000 | |
| | 前月繰越 | 4,000,000 | | | | |

| （2 負債）1 借入金 | | | | | |
|---|---|---|---|---|---|
| | | | 取引③ | 普通預金 | 1,500,000 |
| 取引⑩ | 普通預金 | 1,000,000 | | | |
| | | 1,000,000 | | | 1,500,000 |
| | 次月繰越 | 500,000 | | | |
| | | 1,500,000 | | | 1,500,000 |
| | | | | 前月繰越 | 500,000 |

| （3 純資産）1 資本金 | | | | | |
|---|---|---|---|---|---|
| | | | 取引① | 普通預金 | 100,000,000 |
| | | | 取引② | 普通預金 | 10,000,000 |
| | | 0 | | | 110,000,000 |
| | 次月繰越 | 110,000,000 | | | |
| | | 110,000,000 | | | 110,000,000 |
| | | | | 前月繰越 | 110,000,000 |

| （8 収益）1 特許権許諾収入 | | | | | |
|---|---|---|---|---|---|
| | | | 取引⑧ | 特許権許諾収入 | 8,000,000 |
| | | | | 当月計 | 8,000,000 |

| （8 収益）2 特許権売却益 | | | | | |
|---|---|---|---|---|---|
| | | | 取引⑧ | 普通預金 | 94,000,000 |
| | | | | 当月計 | 94,000,000 |

| （9 費用）1 減損 | | | | |
|---|---|---|---|---|
| 取引⑦ | 特許権 | 5,000,000 | | |
| | 当月計 | 5,000,000 | | 0 |

| （9 費用）2 支払利息 | | | | |
|---|---|---|---|---|
| 取引⑩ | 普通預金 | 300,000 | | |
| | 当月計 | 300,000 | | 0 |

# 5 | 取引の並び順がポイント

　レコードの並び順は使い勝手という意味で重要です。

▶電子メールでは，ユーザーは，
- 先ず，ボックスの選択画面から受信ボックスを選択します。
- 受信ボックスの場合，ボックス内では受信メールは時間順に新しい受信文が上か下かに溜まる仕組みです。
- 読みたい受信文を選択し，チェックボックスにチェック ☑ を入れて，ダブルクリックすれば読みたいメール文が開きます。

▶ LINE メールの受信の仕組みです。受信記録については，
- ボックスの選択画面で相手先を選択します。
- 読みたい受信文を選びます。

　簿記会計でも，取引記録の記載を単純に時間順とすることは取引の調査や問い合わせに対応する場合，必ずしも使い勝手が良くないのです。

　取引の調査や問い合わせの場合，既に特定の取引先につき調査や問い合わせに対応する場合が多く，入ってきた全メールの束を見せられても取引への問い合わせという観点からは困ることが多々あります。

　それよりも，先に特定の相手を指定して，その人に関するメールの束を見る方が便利である場合が多いのです。これが，LINE，WeChat（微信）あるいは WhatsApp が流行る理由です。

　簿記会計でも，全記録をある取引時間順に並べた記録簿を仕訳日記帳と言います。これを勘定科目順に並べ替えたものが総勘定元帳となります(1)。

　(1)　より正確に言えば，LINE トークの場合は，相手先との交信時間順と相手先順としますが，簿記会計の総勘定元帳の場合は，勘定科目の並び方は予め勘定コード順で決められています。

フォルダ（受信 BOX,
送信 BOX, ごみ箱の別）　　　受信ボックス（時間順）　　メールの本文

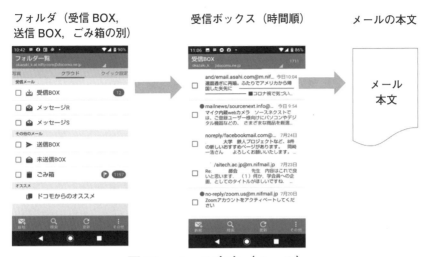

図30　メール本文（メール）

トーク（相手先）　　　　特定の相手先へのトーク発生時間順

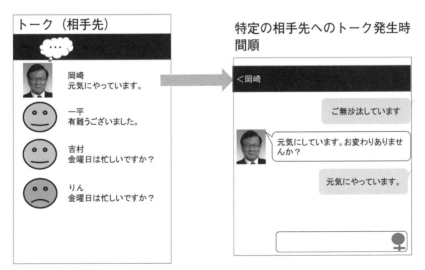

図31　メール本文（LINE）

## アラン・シャンド

アレキサンダー・アラン・シャンド（1844 ～ 1930）は，スコットランド系イギリス人の銀行家です。

明治政府は国立銀行を設立し，銀行簿記の仕組みを統一する必要性に迫られていました。そこで，1872 年に欧米の銀行実務に精通したシャンドを紙幣寮書記官として登用しました。翌年 12 月，シャンドが原著者となる『銀行簿記精法』が刊行され，同書の英文原文が大蔵省内で翻訳され，日本で最初の日本語による複式簿記の書とされました。同書の執筆中，シャンドは創立

アラン・シャンド
（出典：Wikipedia パブリックドメイン）

間もない第一国立銀行に招かれ，銀行簿記や会計の技術を伝授しました。同行の総監にあった渋沢栄一（189 ページ）も，シャンドから銀行実務の教えを受けています。

1875 年，シャンドは第一国立銀行の検査に派遣され，日本ではじめての銀行検査を実施しました。渋沢栄一は，シャンドによる検査を高く評価しました。シャンドは，1877 年 2 月に大蔵省を退職し帰国しました。帰国後は銀行マンとして活躍しましたが，厳しい環境にあった高橋是清による日露戦争の戦費調達にも尽力しました。

# 第9章 エクセルソートと小計で複式簿記

◉小計アウトライン機能を使うためには，まず勘定コード順に並べ替える必要があります。

◉集計された小計金額はアウトラインによるドリルダウンで個別レコードの金額まで表示されます。

◉報告書の様式に合わせた清書が必要になります。

　既に仕訳日記帳データがエクセルの形で提供されている場合で，かつ，総勘定元帳が既にあって不要で，直ぐに合計試算表，残高試算表，損益計算書および貸借対照表がエクセルで欲しい場合は，どうすればいいでしょうか。

　まず，ワークフロー上に，本章で説明したいワークフローを示します。ワークフローは次のようになります。

### 表 56　ワークフロー

```
→仕訳日記帳①
→【2】エクセル【A】ソート・小計
→ソート・小計③
→エクセルの単純表計算⑩
→（損益計算書⑪と貸借対照表⑫とに分割）同上
```

### 表 57　手順書

| 報　告 | 手　順 |
|---|---|
| 合計試算表 | 2 段の仕訳日記帳をソート，小計 |
| 残高試算表 | エクセルの単純表計算 |
| 損益計算書 | エクセルの単純表計算 |
| 貸借対照表 | エクセルの単純表計算 |

　スタートになる仕訳日記帳を 132 ページの**表 58** の仕訳日記帳（**表 36** の再掲）に記します。

　複式簿記での仕訳は，原則として 1 行に取引 1 仕訳のデータとします（**単一仕訳**）(1)。

　（1）　これを複式簿記的に表現すると，勘定科目が三つ以上となる一つの取引を
　　　指します。勘定科目が二つとなる取引の仕訳は，**単一仕訳**と呼びます。

　しかし，勘定科目が三つ以上となるような仕訳がたびたびあり，これを複合仕訳と呼びます。ここでは，取引⑧と取引⑩とが該当します。

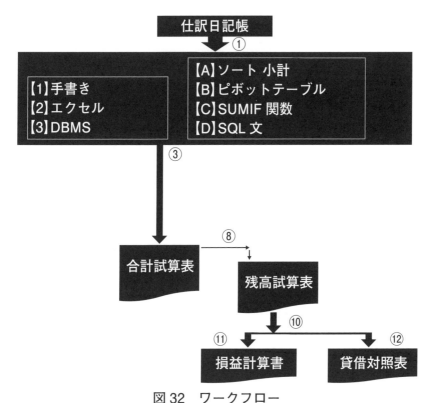

図 32　ワークフロー
（②④⑤⑥⑦⑨は欠番です）

取引⑧の仕訳で，

● 普通預金の増加金額　100,000,000 円（借方）

● 特許権の減少金額　　　6,000,000 円（貸方）

● 特許権売却益の金額　 94,000,000 円（貸方）

から成り立っています。同様に，取引⑩の仕訳で，

● 支払利息の金額　　　　 300,000 円（借方）

● 借入金の減少金額　　 1,000,000 円（借方）

● 普通預金の減少金額　 1,300,000 円（貸方）

から成り立っています。

　仕訳日記帳がデータベースだと前述しましたが，**表58**の仕訳日記帳を見るまでもなくデータベースの体を成していません。

　なぜなら，データベースの定義では，各行（レコード）に不規則な空白セルなどはデータベースとして許されません。

　データベースでの取扱いを可能とするために，発想の転換をして，一つの勘定科目につき，一つのレコードに収めることとしましょう。

　つまり，仕訳日記帳の取引番号順に貸方側を仕訳日記帳の側の下に割り込ませ，取引番号順にした表を再掲します（**表59**）。

　簿記会計の世界では，このような仕訳日記帳は複式簿記のルールに合致していると取り扱います。

　仕訳日記帳を勘定科目名で，

ホーム＞編集＞並べ替えとフィルター＞ユーザー設定の並べ替え

をします。

　合理的にソートするために，予め勘定科目名の冒頭に数字を割り当て

### 表58　仕訳日記帳（表36の再掲）

| 取引番号 | 借方科目 | 借方金額 | 貸方科目 | 貸方金額 |
|---|---|---|---|---|
| 取引① | （1資産）1普通預金 | 100,000,000 | （3純資産）1資本金 | 100,000,000 |
| 取引② | （1資産）1普通預金 | 10,000,000 | （3純資産）1資本金 | 10,000,000 |
| 取引③ | （1資産）1普通預金 | 1,500,000 | （2負債）1借入金 | 1,500,000 |
| 取引④ | （1資産）2特許権 | 5,000,000 | （1資産）1普通預金 | 5,000,000 |
| 取引⑤ | （1資産）2特許権 | 6,000,000 | （1資産）1普通預金 | 6,000,000 |
| 取引⑥ | （1資産）2特許権 | 4,000,000 | （1資産）1普通預金 | 4,000,000 |
| 取引⑦ | （9費用）1減損 | 5,000,000 | （1資産）2特許権 | 5,000,000 |
| 取引⑧ | （1資産）1普通預金 | 100,000,000 | （1資産）2特許権 | 6,000,000 |
| 取引⑧ | | | （8収益）2特許権売却益 | 94,000,000 |
| 取引⑨ | （1資産）1普通預金 | 8,000,000 | （8収益）1特許権許諾収入 | 8,000,000 |
| 取引⑩ | （2負債）1借入金 | 1,000,000 | （1資産）1普通預金 | 1,300,000 |
| 取引⑩ | （9費用）2支払利息 | 300,000 | | |

## 表 59　複数行の仕訳日記帳（表 37 を書き換え）

| 取引番号 | （カテゴリー）勘定科目 | 借方金額 | 貸方金額 |
|---|---|---|---|
| 取引① | （1 資産）1 普通預金 | 100,000,000 | |
| 取引① | （3 純資産）1 資本金 | | 100,000,000 |
| 取引② | （1 資産）1 普通預金 | 10,000,000 | |
| 取引② | （3 純資産）1 資本金 | | 10,000,000 |
| 取引③ | （1 資産）1 普通預金 | 1,500,000 | |
| 取引③ | （2 負債）1 借入金 | | 1,500,000 |
| 取引④ | （1 資産）2 特許権 | 5,000,000 | |
| 取引④ | （1 資産）1 普通預金 | | 5,000,000 |
| 取引⑤ | （1 資産）2 特許権 | 6,000,000 | |
| 取引⑤ | （1 資産）1 普通預金 | | 6,000,000 |
| 取引⑥ | （1 資産）2 特許権 | 4,000,000 | |
| 取引⑥ | （1 資産）1 普通預金 | | 4,000,000 |
| 取引⑦ | （9 費用）1 減損 | 5,000,000 | |
| 取引⑦ | （1 資産）2 特許権 | | 5,000,000 |
| 取引⑧ | （1 資産）1 普通預金 | 100,000,000 | |
| 取引⑧ | （1 資産）2 特許権 | | 6,000,000 |
| 取引⑧ | （8 収益）2 特許権売却益 | | 94,000,000 |
| 取引⑨ | （1 資産）1 普通預金 | 8,000,000 | |
| 取引⑨ | （8 収益）1 特許権許諾収入 | | 8,000,000 |
| 取引⑩ | （2 負債）1 借入金 | 1,000,000 | |
| 取引⑩ | （9 費用）2 支払利息 | 300,000 | |
| 取引⑩ | （1 資産）1 普通預金 | | 1,300,000 |

ておきます。実は，ソート済みの仕訳日記帳は，Ｔ字の罫線（けいせん），月次の締め切り，改行などを施（ほどこ）せば，既に総勘定元帳となっています。この数字がソートの並び順（ソートキー）になるため，ある程度の会計知識が必要になります。しかし実務では，購入した会計ソフトには既に勘定コードがデフォルトで割り当てられているので，これを利用します。会計ソフトには，小売り卸売業，製造業，賃貸不動産業および農業用の標準的な科目セットが実装されることが多いです。

　貸方科目と貸方金額は緑アミにしています。

## 表60　仕訳日記帳（勘定科目番号でソート済み）

| 取引番号 | （カテゴリー）勘定科目 | | 借方金額 | 貸方金額 |
|---|---|---|---|---|
| 取引① | (1資産) | 1 普通預金 | 100,000,000 | |
| 取引② | (1資産) | 1 普通預金 | 10,000,000 | |
| 取引③ | (1資産) | 1 普通預金 | 1,500,000 | |
| 取引④ | (1資産) | 1 普通預金 | | 5,000,000 |
| 取引⑤ | (1資産) | 1 普通預金 | | 6,000,000 |
| 取引⑥ | (1資産) | 1 普通預金 | | 4,000,000 |
| 取引⑧ | (1資産) | 1 普通預金 | 100,000,000 | |
| 取引⑨ | (1資産) | 1 普通預金 | 8,000,000 | |
| 取引⑩ | (1資産) | 1 普通預金 | | 1,300,000 |
| 取引④ | (1資産) | 2 特許権 | 5,000,000 | |
| 取引⑤ | (1資産) | 2 特許権 | 6,000,000 | |
| 取引⑥ | (1資産) | 2 特許権 | 4,000,000 | |
| 取引⑦ | (1資産) | 2 特許権 | | 5,000,000 |
| 取引⑧ | (1資産) | 2 特許権 | | 6,000,000 |
| 取引③ | (2負債) | 1 借入金 | | 1,500,000 |
| 取引⑩ | (2負債) | 1 借入金 | 1,000,000 | |
| 取引① | (3純資産) | 1 資本金 | | 100,000,000 |
| 取引② | (3純資産) | 1 資本金 | | 10,000,000 |
| 取引⑨ | (8収益) | 1 特許権許諾収入 | | 8,000,000 |
| 取引⑧ | (8収益) | 2 特許権売却益 | | 94,000,000 |
| 取引⑦ | (9費用) | 1 減損 | 5,000,000 | |
| 取引⑩ | (9費用) | 2 支払利息 | 300,000 | |

これに対して，

データタブ＞アウトライン＞小計＞集計の設定

を使って勘定科目毎の集計を行います。

　小計機能を使うデータは，予め（あらかじ）ソート済みのデータである必要があります。そうでなければ勘定科目が飛び飛びに出現し，その都度（つど），小計が計算されてしまいます。

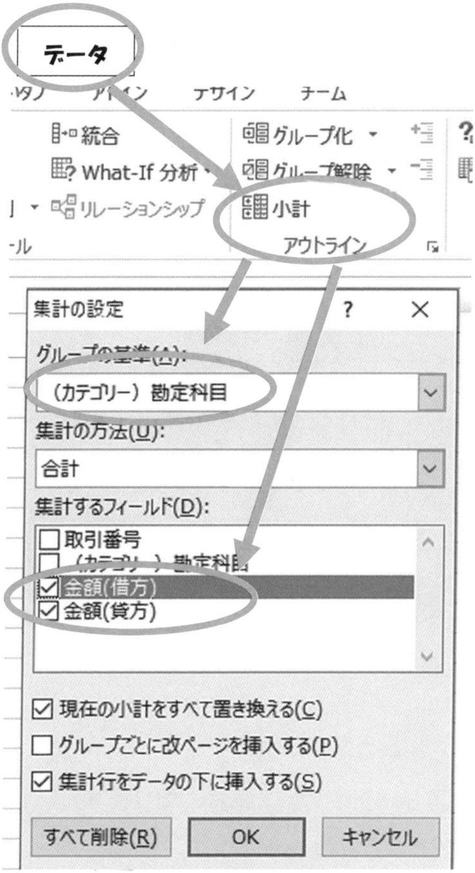
データ
デザイン
チーム
統合
What-If 分析
リレーションシップ
グループ化
グループ解除
小計
アウトライン
集計の設定
グループの基準(A):
（カテゴリー）勘定科目
集計の方法(U):
合計
集計するフィールド(D):
取引番号
（カテゴリー）勘定科目
金額(借方)
金額(貸方)
現在の小計をすべて置き換える(C)
グループごとに改ページを挿入する(P)
集計行をデータの下に挿入する(S)
すべて削除(R)
OK
キャンセル

図 33　集計の設定

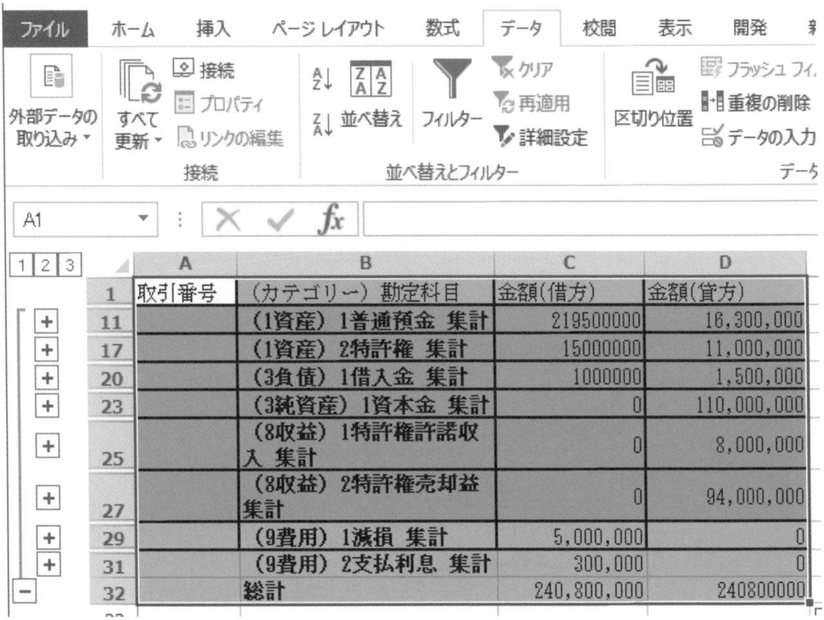

| 取引番号 | （カテゴリー）勘定科目 | 金額（借方） | 金額（貸方） |
|---|---|---|---|
| 11 | （1資産）1普通預金 集計 | 219500000 | 16,300,000 |
| 17 | （1資産）2特許権 集計 | 15000000 | 11,000,000 |
| 20 | （3負債）1借入金 集計 | 1000000 | 1,500,000 |
| 23 | （3純資産）1資本金 集計 | 0 | 110,000,000 |
| 25 | （8収益）1特許権許諾収入 集計 | 0 | 8,000,000 |
| 27 | （8収益）2特許権売却益 集計 | 0 | 94,000,000 |
| 29 | （9費用）1減損 集計 | 5,000,000 | 0 |
| 31 | （9費用）2支払利息 集計 | 300,000 | 0 |
| 32 | 総計 | 240,800,000 | 240800000 |

図34　合計試算表

　図33の左にある小計を操作するアウトラインでの□印で折り畳むと，□印に変わり，図34のような試算表になります。

　つまり，小計の操作でアウトラインの□印をクリックすると折り畳んでいた明細行が出てきます。

　図33において勘定科目ごとの小計を資産と貸方に求めているために，ここに合計試算表が出来上がっています。

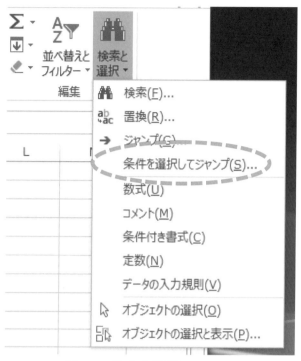

図 35　検索と選択メニュー


　残念ながら，ここに小計機能で示されている合計試算表（**図 32**）は，
エクセルのコピー＆ペーストをしたくともできません。
　コピー＆ペーストを可能にするには，対象となる合計試算表（**図 34**）
をクリックしてホールドした状態で，
　　|ホーム＞編集＞検索と選択＞条件を選択してジャンプ（**図 35**）|
で図 36 の選択オプション画面で|可視セル|のラジオボタンをオンにして
ください。こうした状態でコピー＆ペーストすれば，画面に表示されて
いる状態でペーストできます。

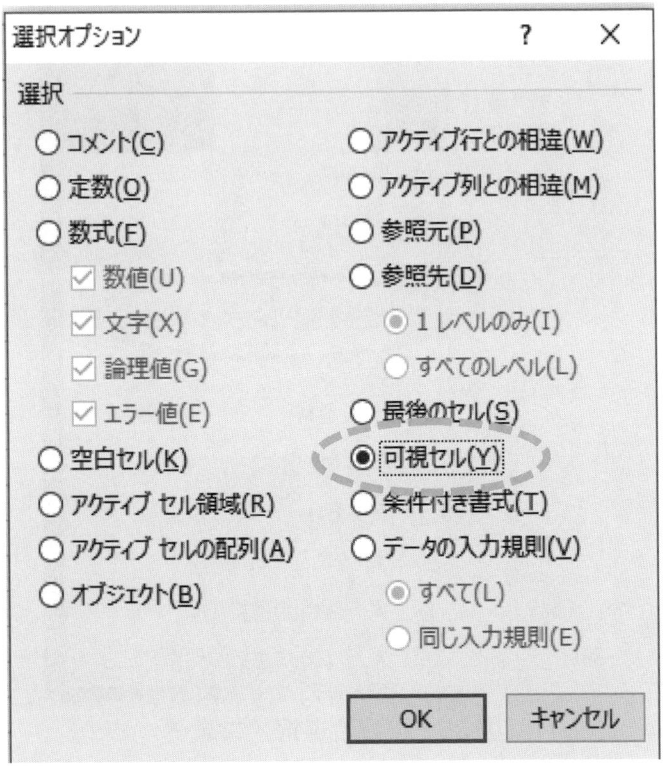


図 36　検索と選択メニューにおける選択オプション

表61　精算表

| （カテゴリー） 勘定科目 | 合計試算表 | | 残高試算表 | | 損益計算書 | | 貸借対照表 | |
|---|---|---|---|---|---|---|---|---|
| | 借方① | 貸方② | 借方③ | 貸方④ | 借方⑤ | 貸方⑥ | 借方⑦ | 貸方⑧ |
| （1 資産） 1 普通預金 | 219,500 | 16,300 | | | | | | |
| （1 資産） 2 特許権 | 15,000 | 11,000 | | | | | | |
| （2 負債） 1 借入金 | 1,000 | 1,500 | | | | | | |
| （3 純資産） 1 資本金 | 0 | 110,000 | | | | | | |
| （8 収益） 1 特許権許諾収入 | 0 | 8,000 | | | | | | |
| （8 収益） 2 特許権売却益 | 0 | 94,000 | | | | | | |
| （9 費用） 1 減損 | 5,000 | 0 | | | | | | |
| （9 費用） 2 支払利息 | 300 | 0 | | | | | | |
| 総　計 | 240,800 | 240,800 | | | | | | |

　ペーストした結果，表61 のような精算表の合計欄①②に勘定科目名と金額を図34 から記入します。

## 表62 精算表

| （カテゴリー） | 合計試算表 | | 残高試算表 | | 損益計算書 | | 貸借対照表 | |
|---|---|---|---|---|---|---|---|---|
| 勘定科目 | 借方① | 貸方② | 借方③ | 貸方④ | 借方⑤ | 貸方⑥ | 借方⑦ | 貸方⑧ |
| （1 資産）<br>1 普通預金 | 219,500 | 16,300 | 203,200 | | | | 203,200 | |
| （1 資産）<br>2 特許権 | 15,000 | 11,000 | 4,000 | | | | 4,000 | |
| （2 負債）<br>1 借入金 | 1,000 | 1,500 | | 500 | | | | 500 |
| （3 純資産）<br>1 資本金 | | 110,000 | | 110,000 | | | | 110,000 |
| （8 収益）<br>1 特許権許諾収入 | | 8,000 | | 8,000 | | 8,000 | | |
| （8 収益）<br>2 特許権売却益 | | 94,000 | | 94,000 | | 94,000 | | |
| （9 費用）<br>1 減損 | 5,000 | | 5,000 | | 5,000 | | | |
| （9 費用）<br>2 支払利息 | 300 | | 300 | | 300 | | | |
| 当期純利益 | | | | | 96,700 | | | 96,700 |
| 総　計 | 240,800 | 240,800 | 212,500 | 212,500 | 102,000 | 102,000 | 207,200 | 207,200 |

①と②の金額の差額で，①の方が大きい場合は**表62**の③に記入します。反対に，①の方が小さい場合は④に記入します。

残高試算表の金額③あるいは④は，カテゴリー番号が1，2あるいは3の場合は貸借対照表の欄⑦または⑧に書き写し，8あるいは9の場合は損益計算書の欄⑤と⑥に書き写します。

当期純利益の行を増やし，そこには，⑤と⑥，あるいは⑦と⑧の合計行の金額が一致するような金額を記入します。

当期純利益の額は必ず一致するはずです。一致しない場合は計算エラーが存在します。

その結果，損益計算書および貸借対照表は清書した後で利用されることになります（**表62**）。

# 第10章 エクセルピボットテーブルで複式簿記

◉総勘定元帳の作成手順では，第7章のソート手続きと同一です。

◉合計試算表，残高試算表，損益計算書および貸借対照表の出力では，ピボットテーブルを使うことで出力できます。

◉一つのピボットテーブルに対し，残高試算表，損益計算書および貸借対照表を得ることが可能です。

# 1 ワークフローでの説明対象を明確に

　総勘定元帳については第 8 章で解説しましたので繰り返しません。

　本章では，取引番号順に並んでいない仕訳日記帳からでも残高試算表，損益計算書および貸借対照表を作る手順をご紹介します。

　同じような手順と結果を 導 くエクセルの機能に「ピボットテーブル」と「SUMIF 関数」があります。

　本章ではピボットテーブルの操作を，次の第 11 章では SUMIF 関数をご紹介します。

　本章のピボットテーブルで合計試算表を得るのは多少面倒くさいのでお勧めしませんが，ただ，マイナス表示させた**表 65** の仕訳日記帳から残高試算表が出来るプロセスは感動深いものです。

　ワークフローは次のようになります（**表 63**）。

　本章では，【A】を【B】に入れ替えていますが，他は同じです。

### 表 63　ワークフロー

```
仕訳日記帳①
→（【2 エクセル】→【B】ピボットテーブル）
→残高試算表⑩
→（損益計算書⑪および貸借対照表⑫）
```

表64　手順書

| 報　告 | 手　順 | サンプル |
|---|---|---|
| 残高試算表 | 仕訳日記帳をピボットテーブル化 | 表67 |
| 損益計算書 | 仕訳日記帳の損益計算書分をピボットテーブル化 | 表68 |
| 貸借対照表 | 仕訳日記帳の貸借対照表分をピボットテーブル化 | 表69 |

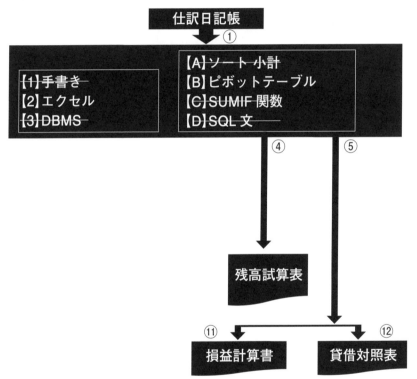

図37　ワークフロー（ピボットテーブル）
（②③⑥⑦⑧⑨⑩は欠番）

例として，仕訳形式の仕訳データから試算表を作成しましょう。

ピボットテーブルには，先頭行は見出しの名前で，ユニークでなければならないとするルールに合わせるために，借方科目，貸方科目，借方

### 表 65　仕訳日記帳（表 58 に加筆して再掲）

| 取引番号 | 借方科目 | 借方金額 | 貸方科目 | 貸方金額 |
|---|---|---|---|---|
| 取引① | （1 資産）1 普通預金 | 100,000,000 | （3 純資産）1 資本金 | 100,000,000 |
| 取引② | （1 資産）1 普通預金 | 10,000,000 | （3 純資産）1 資本金 | 10,000,000 |
| 取引③ | （1 資産）1 普通預金 | 1,500,000 | （2 負債）1 借入金 | 1,500,000 |
| 取引④ | （1 資産）2 特許権 | 5,000,000 | （1 資産）1 普通預金 | 5,000,000 |
| 取引⑤ | （1 資産）2 特許権 | 6,000,000 | （1 資産）1 普通預金 | 6,000,000 |
| 取引⑥ | （1 資産）2 特許権 | 4,000,000 | （1 資産）1 普通預金 | 4,000,000 |
| 取引⑦ | （9 費用）1 減損 | 5,000,000 | （1 資産）2 特許権 | 5,000,000 |
| 取引⑧ | （1 資産）1 普通預金 | 100,000,000 | （1 資産）2 特許権 | 6,000,000 |
| 取引⑧ | | | （8 収益）2 特許権売却益 | 94,000,000 |
| 取引⑨ | （1 資産）1 普通預金 | 8,000,000 | （8 収益）1 特許権許諾収入 | 8,000,000 |
| 取引⑩ | （2 負債）1 借入金 | 1,000,000 | （1 資産）1 普通預金 | 1,300,000 |
| 取引⑩ | （9 費用）2 支払利息 | 300,000 | | |

金額，貸方金額と変更します。

　出力が残高試算表，損益計算書および貸借対照表と要約された三報告書ですから，複合仕訳であっても差し支えありません。

　相手勘定毎の各取引額が必要なのは，そのような情報が必要となる総勘定元帳の場合に限ります。

# 2 貸方金額をマイナス表示に

　144ページの仕訳日記帳（**表65**）の貸方科目と貸方金額を，**表66**の仕訳日記帳の下部に移し替えます。移し替えにあたっては，貸方金額をマイナス表記にします。

　ここでは，より簡素な仕訳日記帳である「貸方金額をマイナス表記し2段表示した仕訳日記帳」を使ってみます。

### 表66　貸方金額をマイナス表記し2段表示した仕訳日記帳

| 取引番号 | 勘定科目 | 金　額 |
|---|---|---|
| 取引① | （1資産）1普通預金 | 100,000,000 |
| 取引② | （1資産）1普通預金 | 10,000,000 |
| 取引③ | （1資産）1普通預金 | 1,500,000 |
| 取引④ | （1資産）2特許権 | 5,000,000 |
| 取引⑤ | （1資産）2特許権 | 6,000,000 |
| 取引⑥ | （1資産）2特許権 | 4,000,000 |
| 取引⑦ | （9費用）1減損 | 5,000,000 |
| 取引⑧ | （1資産）1普通預金 | 100,000,000 |
| 取引⑨ | （1資産）1普通預金 | 8,000,000 |
| 取引⑩ | （2負債）1借入金 | 1,000,000 |
| 取引⑩ | （9費用）2支払利息 | 300,000 |
| 取引① | （3純資産）1資本金 | -100,000,000 |
| 取引② | （3純資産）1資本金 | -10,000,000 |
| 取引③ | （2負債）1借入金 | -1,500,000 |
| 取引④ | （1資産）1普通預金 | -5,000,000 |
| 取引⑤ | （1資産）1普通預金 | -6,000,000 |
| 取引⑥ | （1資産）1普通預金 | -4,000,000 |
| 取引⑦ | （1資産）2特許権 | -5,000,000 |
| 取引⑧ | （1資産）2特許権 | -6,000,000 |
| 取引⑧ | （8収益）2特許権売却益 | -94,000,000 |
| 取引⑨ | （8収益）1特許権許諾収入 | -8,000,000 |
| 取引⑩ | （1資産）1普通預金 | -1,300,000 |

# 3 ピボットテーブル機能を使う

「エクセル」のメニュー「挿入タブ」を選択します。

左端のピボットテーブルを選択します。

<u>エクセル・メニュー＞挿入タブ＞ピボットテーブル</u>

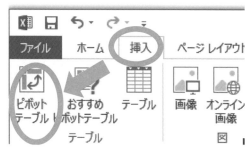

図38 挿入タブ

147ページの対話型ウィンドウ ピボットテーブルの作成 の テーブル範囲 に 貸方をマイナス表記した試算表 （図39）を選択します。

次に，ピボットテーブルレポートを置く左上の隅のセルを決め，たとえば，ここでのセル位置を G 37 とします。

対話型ウィンドウ＞ピボットテーブルの作成＞テーブル範囲＞貸方をマイナス表記した試算表 のセルを選択します。

すると，パソコン画面の右側に， ピボットテーブルのフィールド 作業ウィンドウが出現します。

[ピボットテーブルのフィールド] 作業ウィンドウ＞勘定科目と金額に ☑ ＞ （行とフィルター）にドラッグ

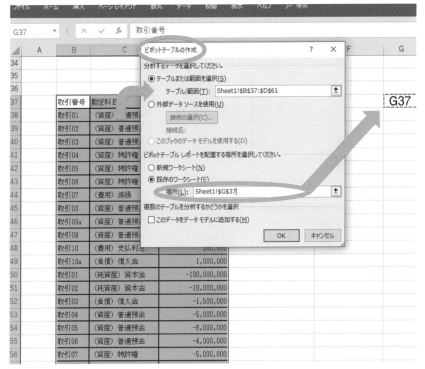

図 39 「ピボットテーブルの作成」作業ウィンドウ

これで，目的のピボットテーブルが入手できます。

このピボットテーブルに対して，ソート機能やフィルター機能が実装
されています。

嬉しいことに，ピボットテーブルは勘定でソートされていないデータ
に対しても勘定ごとに集計します。

その上，ピボットテーブルはそのようなデータに対しても，ピボット
テーブルのソート機能やフィルター機能が独自に作動しますから，下準
備にソートやフィルターをかけておく必要がありません。

特に，仕訳日記帳のように大きなデータに対しても有効ですから，非

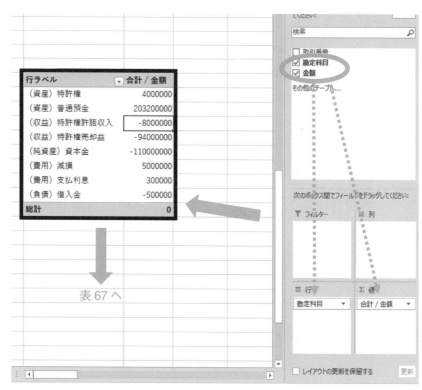

**図40 ピボットテーブルの操作**

常に手軽に使えます。その結果得られたクロス集計表には，3次元棒グ
ラフやモザイクプロットが項目の相関性を調べるのには有効です。

# 4 残高試算表の出力

図 40 で得たピボットテーブルを少し編集します。

マイナス金額は貸方金額欄に書き写します。その結果が**表 67** の残高試算表です。

なお，残高試算表でも罫線の引き方には規則はありませんので，前年の様式を守っていれば問題はありません。

表 67　残高試算表

| 勘定科目 | | 借方金額 | 貸方金額 |
|---|---|---|---|
| (1 資産) | 1 普通預金 | 203,200,000 | |
| (1 資産) | 2 特許権 | 4,000,000 | |
| (2 負債) | 1 借入金 | | −500,000 |
| (3 純資産) | 1 資本金 | | −110,000,000 |
| (8 収益) | 1 特許権許諾収入 | | −8,000,000 |
| (8 収益) | 2 特許権売却益 | | −94,000,000 |
| (9 費用) | 1 減損 | 5,000,000 | |
| (9 費用) | 2 支払利息 | 300,000 | |
| | 計 | 212,500,000 | −212,500,000 |

図 40 より

# 5 | 損益計算書

　残高試算表から損益計算書と貸借対照表を取り出し，清書すれば，財務諸表が得られます。

　財務諸表とは，外部用の決算書で，損益計算書，貸借対照表などをいいます。

　損益計算書（**表68**）は，残高試算表（**表67**）から，カテゴリーが（8収益）と（9費用）を抽出して求めますが，抽出するには148ページの**図40**のフィルター機能を使います。

　原理的には，**表68**において，

　当期純利益＝② 102,000,000 円−① 5,300,000 円＝③ 96,700,000 円

として求めます。

　貸方の金額にはマイナス符号（ふごう）が残っていますが，実際に報告書にする場合にはマイナス符号は取り去（と さ）ってください。

　同様（どうよう）に，8や9のカテゴリー番号や，勘定科目の頭にある1や2の科目番号も不要なものとして除去（じょきょ）します。

　損益計算書の金額欄のマイナス符号は，符号なし金額に置き換えます。

　その理由は，損益計算書は社内でも使いますが，外部でも使用するので，会計慣行（かんこう）に対して誤解を生むような表記をしてはいけないからです。

　外部に使用する場合には，①から③の番号も番号なしに置き換えます。

### 表 68　損益計算書

| 勘定科目 | 借方金額 | 貸方金額 |
|---|---|---|
| （収益）特許権許諾収入 | | 8,000,000 |
| （収益）特許権売却益 | | 94,000,000 |
| （費用）減損 | 5,000,000 | |
| （費用）支払利息 | 300,000 | |
| 計 | ① 5,300,000 | ② 102,000,000 |
| 当期純利益 | ③ 96,700,000 | |
| 計 | 102,000,000 | 102,000,000 |

表67より

---

## 福沢諭吉

福沢諭吉（1835 〜 1901）は, 中津藩士でした。1868 年にはそれまでの蘭学塾を慶応義塾に改名し, 教育に専念します。1873 年に簿記書『帳合之法』を出版しました。アメリカの学校で使われる商業簿記の初級テキスト『BRYANT & STRATTON'S COMMON SCHOOL BOOK』の翻訳書です。

128 ページで紹介したシャンドの簿記書は, 銀行業を対象にした銀行簿記といわれるもので, 福沢諭吉の『帳合之法』は商業を対象とした縦書きの教科書で, 仕訳も縦書きで, 借方は上段に, 貸方は下段に記帳します。

福沢諭吉
（出典：Wikipedia パブリックドメイン）

# 6 ｜ 貸借対照表

　貸借対照表（**表69**）は，残高試算表（**表67**）から**図40**のフィルター機能を使って，（1 資産），（2 負債）および「（3 純資産）1 資本金」を抽出して求めます。

　貸方の金額にはマイナス符号が残っていますが，実際に報告書にする場合には，マイナス符号は取り去ってください。

　同様に，1，2 や 3 のカテゴリー番号や，勘定科目の頭にある 1 や 2 の科目番号も不要です。

　当期純利益④ 96,700,000 円は，**表68** の③の金額を書き写します。

　その結果，⑤と⑥の金額が 207,200,000 円で一致することを確認してください。

表69　貸借対照表

| | 勘定科目 | 借方金額 | 貸方金額 |
|---|---|---|---|
| （資産） | 普通預金 | 203,200,000 | |
| （資産） | 特許権 | 4,000,000 | |
| （負債） | 借入金 | | 500,000 |
| （純資産） | 資本金 | | 110,000,000 |
| （純資産） | 当期純利益 | | ④ 96,700,000 |
| | 計 | ⑤ 207,200,000 | ⑥ 207,200,000 |

（表67より：資産・資産・負債・純資産の4行　表68より：純資産 当期純利益の行）

# 第 11 章 エクセル SUMIF 関数で複式簿記

◉SUMIF 関数を使って DBMS の疑似体験ができます。

◉合計試算表, 残高試算表, 損益計算書および貸借対照表はソートなしで作成できます。

# 1 SUMIF 関数によるソートの ワークフロー

　勘定科目順の総勘定元帳は，取引番号順の仕訳日記帳のソートが必要です。しかし，SUMIF 関数を用いれば，取引番号順の仕訳日記帳から，勘定科目順の合計試算表，残高試算表，損益計算書および貸借対照表をソートなしに作成することができます。繰り返しますが，本章ではソートは不要です。

　そこでは，第 12 章で述べる DBMS と同じように，仕訳日記帳データを利用し，中間の作業用データを作らなくても各手続き毎に報告プログラムが書けます。

　中間ファイルを作成する必要がなく，データ保管に無駄がありませんから最速となります(1)。

　(1)　元データの並べ方をソートした中間ファイル（ここでは総勘定元帳）を作り，この中間ファイルに対して最終的なエクセル操作をする場合，この手順を自動化するには RPA（Robotic Process Automation）があります。しかし，中間ファイルを生成したり廃棄したりする手順が増えるので，それなりにオペレーション・リスクが増えます。

　それぞれの報告に対し，SUMIF 関数を利用した報告書作成のワークフローは次のようになります。特徴は，それぞれのワークフローが相互に独立していることです。

仕訳日記帳→図 41 矢線③　→合計試算表

仕訳日記帳→図 41 矢線④　→残高試算表

仕訳日記帳→図 41 矢線⑤⑪→損益計算書

仕訳日記帳→図 41 矢線⑤⑫→貸借対照表

### 表 70　手順書

| 報　告 | 手　順 | サンプル |
|---|---|---|
| 合計試算表 | 仕訳日記帳に SUMIF 関数 | 表 72 |
| 残高試算表 | 仕訳日記帳に SUMIF 関数 | 表 73 |
| 損益計算書 | 仕訳日記帳に SUMIF 関数 | 表 74 |
| 貸借対照表 | 仕訳日記帳に SUMIF 関数 | 表 75 |

　いろいろなエクセルの使い方をご紹介していますが，どれもエラーの発見，財務分析や会計監査でよく使う手法ですので，上手く使えるようになってください。

　本章でエクセルの欄（A〜D）と行（1〜17）のセルを緑色にしている理由は，関数の引数(2) を正確に記述する必要があるからです。

　(2)　関数の**引数**という場合，たとえば合計をする関数＝ sum（a1:a3）では，「sum」が関数で，「a1:a3」が引数です。

　同じ仕訳データセットを毎回使うのは気が利かないので，⑪番目と⑫番目の取引として，次の取引を追加します。

【翌年 3 月 31 日の取引】
取引⑪　甲株式会社は，A さんに 30,000,000 円の給与を支払った。
取引⑫　甲株式会社は，B さんに 10,000,000 円の給与を支払った。

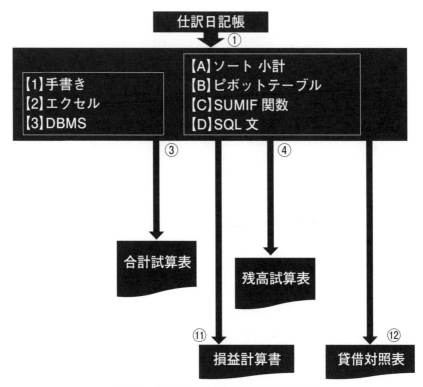

図 41 直接に SUMIF 関数を適用
（②⑤⑥⑦⑧⑨⑩は欠番です）

## 2 ┃ 合計試算表

　まず，清書した仕訳日記帳を掲載します。作成の手順は，74ページの表36の場合と同様です。

表71　仕訳日記帳（簡素版，取引番号略）

| | A | B | C | D |
|---|---|---|---|---|
| 1 | 仕訳日記帳 | | | |
| 2 | 借方科目 | 借方金額 | 貸方科目 | 貸方金額 |
| 3 | 普通預金 | 100,000,000 | 資本金 | 100,000,000 |
| 4 | 普通預金 | 10,000,000 | 資本金 | 10,000,000 |
| 5 | 普通預金 | 1,500,000 | 借入金 | 1,500,000 |
| 6 | 特許権 | 5,000,000 | 普通預金 | 5,000,000 |
| 7 | 特許権 | 6,000,000 | 普通預金 | 6,000,000 |
| 8 | 特許権 | 4,000,000 | 普通預金 | 4,000,000 |
| 9 | 減損 | 5,000,000 | 特許権 | 5,000,000 |
| 10 | 普通預金 | 100,000,000 | 特許権 | 6,000,000 |
| 11 | | | 特許権売却益 | 94,000,000 |
| 12 | 普通預金 | 8,000,000 | 特許権許諾収入 | 8,000,000 |
| 13 | 借入金 | 1,000,000 | 普通預金 | 1,300,000 |
| 14 | 支払利息 | 300,000 | | |
| 15 | 給料手当 | 30,000,000 | 普通預金 | 30,000,000 |
| 16 | 給料手当 | 10,000,000 | 普通預金 | 10,000,000 |
| 17 | 計 | 280,800,000 | 計 | 280,800,000 |

　この仕訳日記帳に対し，どのようにして合計試算表を得るかを説明します。

　ワークフロー的には，仕訳日記帳→③→合計試算表 の通りです（図41）。

　たとえば，セル A21 の金額 219,500,000 円は，次の関数で求めます。

　これを下方（ A22 から A29 ）にコピーすれば， A21 から A29 までが得ら

## 表 72　SUMIF 関数を使った合計試算表

| | A | B | C |
|---|---|---|---|
| 19 | | 合計試算表 | |
| 20 | 借方合計 | | 貸方合計 |
| 21 | 219,500,000 | 普通預金 | 56,300,000 |
| 22 | 15,000,000 | 特許権 | 11,000,000 |
| 23 | 1,000,000 | 借入金 | 1,500,000 |
| 24 | 0 | 資本金 | 110,000,000 |
| 25 | 0 | 特許権許諾収入 | 8,000,000 |
| 26 | 0 | 特許権売却益 | 94,000,000 |
| 27 | 40,000,000 | 給料手当 | 0 |
| 28 | 5,000,000 | 減損 | 0 |
| 29 | 300,000 | 支払利息 | 0 |
| 30 | 280,800,000 | | 280,800,000 |

（左側：SUMIF 関数より　右側：同左）

れます。

```
=SUMIF(A$3:A$16,B21,B$3:B$16)
```

　同様に，セル C21 に次の入力の関数を打ち込みます。

```
=SUMIF(C$3:C$16,B21,D$3:D$16)
```

　これを下方（ C22 から C29 ）にコピーすれば， C21 から C29 の部分が得られます。SUMIF 関数を使って得られる合計試算表は**表 72** の通りです。

　SUMIF 関数は，**表 72** の B 欄の「普通預金」を読みに行き，その「普通預金」の科目名を**表 71** の A 欄（A3 ～ A16）にて探します。「普通預金」は A3 にあるから，その右隣の B3 の金額 100,000,000 円を A21 に置きます。SUMIF 関数は，同様に，B4 の金額 10,000,000 円を A21 に加えます。同様に，B5 の金額 1,500,000 円を A21 に加えます。B10 の金額 100,000,000 円を A21 に加えます。A21 の値は 219,500,000 円となり，A21 に 219,500,000 円と書き込みます。

　さらに，このような加算を，A22 から A29 まで繰り返します。これを貸方サイドの C21 から C29 にも応用します。

# 3　残高試算表

　合計試算表を中間データとして使わずに，SUMIF 関数を使って残高試算表を直接出す方法を説明します（表 73）。

　ワークフロー④により始めます。これを下方の A36 から A43 にコピーします。

```
=IF((SUMIF(A$3:A$16,B35,B$3:B$16)> SUMIF(C$3:C$16,B35,D$3:D$16)),
(SUMIF(A$3:A$16,B35,B$3:B$16) -SUMIF(C$3:C$16,B35,D$3:D$16)), 0)
```

　同様に，C35 に次の関数を入力します。これを下方の C36 から C43 にコピーします。

```
=IF((SUMIF(A$3:A$16,B35,B$3:B$16)> SUMIF(C$3:C$16,B35,D$3:D$16)),
0,(-SUMIF(A$3:A$16,B35,B$3:B$16)+SUMIF(C$3:C$16,B35,D$3:D$16)))
```

## 表 73　SUMIF 関数を使った残高試算表

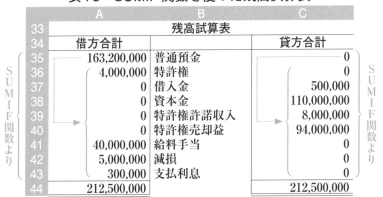

| | A | B | C |
|---|---|---|---|
| 33 | | 残高試算表 | |
| 34 | 借方合計 | | 貸方合計 |
| 35 | 163,200,000 | 普通預金 | 0 |
| 36 | 4,000,000 | 特許権 | 0 |
| 37 | 0 | 借入金 | 500,000 |
| 38 | 0 | 資本金 | 110,000,000 |
| 39 | 0 | 特許権許諾収入 | 8,000,000 |
| 40 | 0 | 特許権売却益 | 94,000,000 |
| 41 | 40,000,000 | 給料手当 | 0 |
| 42 | 5,000,000 | 減損 | 0 |
| 43 | 300,000 | 支払利息 | 0 |
| 44 | 212,500,000 | | 212,500,000 |

（SUMIF 関数より　SUMIF 関数より）

# 4 損益計算書

　損益計算書についても,金額が未記入の損益計算書を準備しておいて,そこに SUMIF 関数を当てはめれば,直すぐに損益計算書ができます。

　ワークフローは,①仕訳日記帳→⑤→⑪損益計算書となります。残高試算表や総勘定元帳は不要で,仕訳日記帳から直接に損益計算書を作成します。

　A47のセルに対し次を入力します。

```
=IF((SUMIF(A$3:A$16,B47,B$3:B$16)> SUMIF(C$3:C$16,B47,D$3:D$16)),
(SUMIF(A$3:A$16,B47,B$3:B$16)-SUMIF(C$3:C$16,B47,D$3:D$16)), 0)
```

　これを下方のA48からA51にコピーします。

　同様に, C47に次の関数を入力します。

```
=IF((SUMIF(A$3:A$16,B47,B$3:B$16)> SUMIF(C$3:C$16,B47,D$3:D$16)),
0,(-SUMIF(A$3:A$16,B47,B$3:B$16)+SUMIF(C$3:C$16,B47,D$3:D$16)))
```

　これを下方のC48からC51にコピーします。

## 表 74　SUMIF 関数を使った損益計算書

| | A | B | C |
|---|---|---|---|
| 45 | 損益計算書 | | |
| 46 | 費　用 | | 収　入 |
| 47 | 0 | 特許権許諾収入 | 8,000,000 |
| 48 | 0 | 特許権売却益 | 94,000,000 |
| 49 | 40,000,000 | 給料手当 | 0 |
| 50 | 5,000,000 | 減損 | 0 |
| 51 | 300,000 | 支払利息 | 0 |
| 52 | 45,300,000 | 計 | 102,000,000 |
| 53 | 56,700,000 | 当期純利益 | |
| 54 | 102,000,000 | 合計 | 102,000,000 |

（左側）SUMIF関数より　（右側）SUMIF関数より

# 5 | 貸借対照表

　貸借対照表も同様に，金額未記入の貸借対照表フォームを準備しておき，金額欄に SUMIF 関数を適用します（表 75）。

　ワークフローは，①仕訳日記帳→⑤→⑫貸借対照表 となります。

　上記の損益計算書と同様に，A57 のセルに対し次を入力します。

　これを下方の A58 から A60 にコピーします。

```
=IF((SUMIF(A$3:A$16,B57,B$3:B$16))> SUMIF(C$3:C$16,B57,D$3:D$16)),
(SUMIF(A$3:A$16,B57,B$3:B$16)-SUMIF(C$3:C$16,B57,D$3:D$16)), 0)
```

　同様に，C57 に次の関数を入力します。

```
=IF((SUMIF(A$3:A$16,B57,B$3:B$16))> SUMIF(C$3:C$16,B57,D$3:D$16)),
0,(-SUMIF(A$3:A$16,B57,B$3:B$16)+SUMIF(C$3:C$16,B57,D$3:D$16)))
```

　これを下方の C58 から C60 にコピーします。

### 表 75　SUMIF 関数を使った貸借対照表の例

| | A | B | C |
|---|---|---|---|
| 55 | | 貸借対照表 | |
| 56 | 借方合計 | | 貸方合計 |
| 57 | 163,200,000 | 普通預金 | 0 |
| 58 | 4,000,000 | 特許権 | 0 |
| 59 | 0 | 借入金 | 500,000 |
| 60 | 0 | 資本金 | 110,000,000 |
| 61 | | 当期純利益 | 56,700,000 |
| 62 | 167,200,000 | | 167,200,000 |

（左側）SUMIF 関数より　表 74 → より
（右側）SUMIF 関数より

　ここまで来れば，会計における転記，つまりソート関数や小計などの理屈はおわかり頂けると思います。

　損益計算書は不等価交換の理由書であり，貸借対照表は継続記録法(けいぞく)に
よる財産目録(もくろく)の仲間であることもお察(さっ)しの通りです。

### 小説『細雪』の中の会計士

　映画化もされた谷崎潤一郎の小説『細雪(ささめゆき)』は舞台(ぶたい)が大阪船場(せんば)に古いのれ
んを誇る蒔岡家(まきおか)で，昭和十年代の関西の上流社会の鶴子，幸子(さちこ)，雪子，妙(たえ)
子(こ)の四姉妹(しまい)が織(お)りなす人間模様が美しく描(えが)かれています。
　幸子は婿養子(むこようし)に貞之助(ていのすけ)を迎え，芦屋(あしや)に分家(ぶんけ)しています。この貞之助は計
理士，今でいう公認会計士でした。
　没落(ぼつらく)する蒔岡家の中にあって，四人の描写はなおさらに美しい。

谷崎潤一郎記念館（芦屋市）
（出典：Wikipedia パブリックドメイン）

## 6 | SUMIF 関数の例題

　以上の SUMIF 関数を使う考え方は，簿記の資格試験でも威力を発揮します。つまり，手書き簿記でもこれと同じ手順を用いれば，受験簿記，とりわけ仕訳日記帳から合計試算表を作成するときも威力を発揮できます。

> 　次の（A），（B）の資料に基づいて 01 年 1 月末日の合計試算表を作成しなさい。いわゆる三分法(1) によること。

（1）　三分法とは，期中においては，解答用紙の繰越商品勘定に前期末残高をそのまま残し，当月仕入は仕入勘定に記載します。三分法は鮮魚商の仕入に擬したもので，鮮魚は日持ちしないから，仕入時点で直ちに売上原価になったとみなします。その結果，期中は仕入＝売上原価となります。
　　つまり，三分法ではあたかも商品の前期末残高 20,000 円は，当期の期間中においては，20,000 円のままで変動しないものと見做します。したがって，本問の 1 月末の商品残高は 20,000 円となります。
　　この方法では，仕入れ毎の仕入額のみを記帳の対象にしますから，売上毎の売上原価の金額計算が不要となり，経理全体の事務処理が楽になります。

### （A）　前期末の貸借対照表

#### 貸借対照表
#### X0 年 12 月 31 日

| 資　産 | 金　額 | 負債・純資産 | 金　額 |
|---|---|---|---|
| 現金 | 120,000 | 支払手形 | 30,000 |
| 当座預金 | 210,000 | 買掛金 | 60,000 |
| 受取手形 | 50,000 | 借入金 | 20,000 |
| 売掛金 | 30,000 | 貸倒引当金 | 20,000 |
| 商品 | 20,000 | 資本金 | 300,000 |
| | 430,000 | | 430,000 |

（B）　01 年 1 月中の取引

> 受験簿記に
> おすすめ !!

　　1.　現金取引

　　　　①収入：短期の借入金　　　　　　　　　　　10,000

　　　　②支出：電話料金の支払　　　　　　　　　　20,000

　　2.　当座預金取引

　　　　③増加：株主からの追加出資　　　　　　　　50,000

　　　　④減少：手形代金の決済　　　　　　　　　　20,000

　　3.　商品売買取引

　　　　⑤仕入：約束手形振出しによる仕入　　　　　30,000

　　　　⑥売上：掛売上　　　　　　　　　　　　　　80,000

　　4.　その他の取引

　　　　⑦買掛金支払のため裏書譲渡した約束手形　　30,000

〈解答用紙〉

### 合計試算表

| 借方金額 | 勘定科目 | 貸方金額 |
|---|---|---|
|  | 現金 |  |
|  | 当座預金 |  |
|  | 受取手形 |  |
|  | 売掛金 |  |
|  | 商品 |  |
|  | 支払手形 |  |
|  | 買掛金 |  |
|  | 借入金 |  |
|  | 貸倒引当金 |  |
|  | 資本金 |  |
|  | 売上 |  |
|  | 仕入 |  |
|  | 通信費 |  |
|  | 合計 |  |

**★解説と解答**

　本問は，(甲)と(乙)が与えられていた場合に(丙)を求めなさいという問題に置き換わります。

　ここで，甲の金額の前に付されている A から L までのアルファベットと，乙の金額の前に付されている①から⑯までの丸数字は，乙の各金額の説明のためのものです。

(甲)　　　　　　　　**前期末の貸借対照表**
X0 年 12 月 31 日

| 資　産 | | 金　額 | 負債・純資産 | | 金　額 |
|---|---|---|---|---|---|
| 現金 | A | 120,000 | 支払手形 | G | 30,000 |
| 当座預金 | B | 210,000 | 買掛金 | H | 60,000 |
| 受取手形 | C | 50,000 | 借入金 | I | 20,000 |
| 売掛金 | D | 30,000 | 貸倒引当金 | J | 20,000 |
| 商品 | E | 20,000 | 資本金 | K | 300,000 |
| 資産計 | F | 430,000 | 負債・純資産計 | L | 430,000 |

　ここでの(乙)仕訳日記帳は手書きであることから，フォントを変えました。

(乙)　　　　　　　　仕訳日記帳

| ① | 現金 | 10,000 | 借入金 | 10,000 | ⑨ |
|---|---|---|---|---|---|
| ② | 通信費 | 20,000 | 現金 | 20,000 | ⑩ |
| ③ | 当座預金 | 50,000 | 資本金 | 50,000 | ⑪ |
| ④ | 支払手形 | 20,000 | 当座預金 | 20,000 | ⑫ |
| ⑤ | 仕入 | 30,000 | 支払手形 | 30,000 | ⑬ |
| ⑥ | 売掛金 | 80,000 | 売上 | 80,000 | ⑭ |
| ⑦ | 買掛金 | 30,000 | 受取手形 | 30,000 | ⑮ |
| | 借方金額計⑧ | 240,000 | 貸方金額計⑯ | 240,000 | |

合計試算表は，最左欄と最右欄にある計算法によって求めたものです。また，最下行にある合計金額は 670,000 円で一致していること，また，

| | 借方金額 | 勘定科目(2) | 貸方金額 | |
|---|---|---|---|---|
| A+ ① | 130,000 | 現金 | 20,000 | ⑩ |
| B+ ③ | 260,000 | 当座預金 | 20,000 | ⑫ |
| C | 50,000 | 受取手形 | 30,000 | ⑮ |
| D+ ⑥ | 110,000 | 売掛金 | | |
| E | 20,000 | 商品 | | |
| ④ | 20,000 | 支払手形 | 60,000 | G+ ⑬ |
| ⑦ | 30,000 | 買掛金 | 60,000 | H |
| | | 借入金 | 30,000 | I+ ⑨ |
| | | 貸倒引当金 | 20,000 | J |
| | | 資本金 | 350,000 | K+ ⑩ |
| | | 売上 | 80,000 | ⑭ |
| ⑤ | 30,000 | 仕入 | | |
| ② | 20,000 | 通信費 | | |
| F+ ⑧ | 670,000 | 合計 | 670,000 | L+ ⑯ |

（丙）　　　　　　　　　合計試算表

（2）　手書きで合計試算表あるいは残高試算表で勘定科目欄が左右中央に位置する場合，勘定科目の揃える位置を中央揃え（センタリング）とする暗黙の実務があります（たとえば，丙）。しかし，実務では手書きあるいはエクセルで試算表を作成することが少なくなり，全て会計ソフトに依拠することが多いために，中央揃えの習慣は無視しています。実務では，エクセルでの出力の場合は，会社での前例を踏襲してください。

その670,000円はFと⑧の合計であり，またLと⑯の合計でもあることを確認してください。

　この（甲）前期末貸借対照表と（乙）当期の仕訳日記帳から，パソコンを用いることはなく，また，総勘定元帳の作成をせずに，（丙）合計試算表の作成を求めるという設問は出題の頻度が高い問題です。

　この場合の最速の解法は，SUMIF関数の手順を手書きで実行することです。

　つまり，文章で書かれている取引を仕訳日記帳に整理しています。

第3部のまとめ

**1** 仕訳日記帳さえあれば，総勘定元帳，合計試算表，残高試算表，損益計算書，貸借対照表などの報告書はさまざまな方法で作成できます。

**2** さまざまに要約された報告書の頂点にある報告書は貸借対照表です。

## 基本情報技術者試験の合格者には日本の就労ビザが

外国人が日本で SE や事務員として働くには，技術・人文知識・国際業務ビザ（技人国ビザ）が必要です。

これには，通常は次の三つの要件のいずれかを満たす必要があります。

① 大学または大学院を卒業

② 日本の専門学校を卒業

③ 10 年以上の実務経験

しかし，基本情報技術者試験の合格者には，通常の学歴要件を満たさなかったとしても就労ビザが下ります。つまり，①から③が不問となります。

この試験は4択が大半の試験問題です。日本の IT 関連職種で働きたい方にはお勧めです。試験は，年に 2 回あります。

詳しくは，日本の弁護士あるいは行政書士にお尋ねください。

東京出入国在留管理局
（出典：Wikipedia コモンズ）

# エクセルを超えた
# 本当の簿記会計

## 戦後の復興は，借金ではなく株式投資で

　第１次大戦後のドイツでは，英国やフランスからの賠償金の負担が巨大でした。ドイツがこれを払うには，借金で払うより仕方がなくなります。これも阿片と同じで，いずれ借金の返済が滞ることになります。フランスは担保としていたルール炭鉱地帯の土地の差押えまで実行しました。しかし，英国やフランスとて，自分たちの借金を払うためには取り立ても仕方がない。これでは憎しみの連鎖しか生まれません。外国からの借金の取立ては，国民感情を悪くします。そういう連鎖の中で，ナチスが生まれました。

　何が間違っているかといえば，借金にはいわゆる「債務の罠」の問題があって，借り手を借金地獄が襲います。

　第２次大戦の戦勝国になったアメリカは，このような借金の矛盾から多くを学びました。少なくとも日本とドイツの戦後復興には，債務方式ではなく民間投資に依りました。下手な経営では会社が潰れますし，繰越利益が赤字になれば配当も貰えません。

　そこで，当時の有力会計事務所は次々と東京事務所を開設し，アメリカからの株式投資の監査をしました。それで，アメリカの株主は投資リスクが抑えられ，日本の投資先では「債務の罠」から逃れることが出来たということで，アメリカの投資家，日本の産業界，そして会計事務所の三者にとって一番良い戦後復興プランになりました。

　戦後復興を株式投資で行うことは，実は借金よりフレクシブルな面もあったのです。

# 第12章　これが会計ソフト

―― DBMS の SQL 文で複式簿記

◉やっと説明すべき本物に到達しました。最
初からこれだけを教えてくれれば十分だと
言われそうです。その通りですね。

# 1 はじめに

　手書き時代から現在までの簿記教育では，仕訳日記帳から中間データである総勘定元帳を作成し，総勘定元帳から中間要約データである合計試算表を作成し，次の中間要約データである残高試算表を作成し，最後に残高試算表を 2 分割して損益計算書と貸借対照表を作成しました。

　現在では，前章の SUMIF 関数がさらに発展したデータベースという仕組みで，会計ソフトと ERP が構成されています。

　そこでは，仕訳日記帳がデータベースとして存在し，報告はその目的に応じてデータを引き出すことになります。

## 2 どれか一つの入力画面からの入力でも，仕訳日記帳データベースが更新されます

　データベースの考え方が生まれるまでは，仕訳日記帳を苦労して作成しました。

　今では，仕訳日記帳，現金出納帳，預金出納帳，総勘定元帳のどれからでも，そのうちの一つに入力をすれば，瞬時<sub>しゅんじ</sub>にかつ自動的に仕訳日記帳と関係する全帳簿が更新されます。

　DBMS のフロントエンド処理の重要な特徴です。

　これに繋<sub>つな</sub>がる報告書は全部更新されます。

　あたかもデータベースの根で繋<sub>つな</sub>がっており，どれを叩<sub>たた</sub>いても下で連絡が取れている「モグラ叩き」と似ています（図 42）。

図 42　下で繋がっているモグラ叩き

# 3 SQL 文での読み取り

実際に既に仕訳形式で蓄積されているデータベースにアクセスするための SQL は，本章で紹介するような短いプログラムで足ります。

SQL は Structured Query Language の略で，直訳すると，「構造化された問い合わせ言語」で，プログラム言語(1) のひとつです。

(1)　プログラム言語や問い合わせ言語など「言語」の説明は，本書の範囲を越えていますので，他の文献をご参照ください。

前章と同様に，⑪番目と⑫番目の取引として，次の取引を追加します。

---

【翌年 3 月 31 日の取引】

取引⑪　甲株式会社は，Ａさんに 30,000,000 円の給与を支払った。

取引⑫　甲株式会社は，Ｂさんに 10,000,000 円の給与を支払った。

---

ここで，データベース用語の確認をします。

テーブルとは，エクセルではシート上の「表」を指し，175 ページの**表 76** の「仕訳日記帳」がテーブルになります。

カラムは縦の「列（欄)」に相当します。例として勘定科目の 26 個です。

レコードは，テーブルの「行」に相当します。

たとえば，1 行目の「取引①，11，100,000,000，空白」がレコードになります。

フィールドは，レコードのなかの一つの入力項目，つまりエクセルでのセルに相当します。

## 表76　仕訳日記帳（物理テーブル1）

| 取引番号 | 勘定科目 | 借方金額 | 貸方金額 |
|---|---|---|---|
| 取引① | 11 | 100,000,000 | |
| 取引② | 31 | | 100,000,000 |
| 取引② | 11 | 10,000,000 | |
| 取引② | 31 | | 10,000,000 |
| 取引③ | 11 | 1,500,000 | |
| 取引③ | 21 | | 1,500,000 |
| 取引④ | 12 | 5,000,000 | |
| 取引④ | 11 | | 5,000,000 |
| 取引⑤ | 12 | 6,000,000 | |
| 取引⑤ | 11 | | 6,000,000 |
| 取引⑥ | 12 | 4,000,000 | |
| 取引⑥ | 11 | | 4,000,000 |
| 取引⑦ | 92 | 5,000,000 | |
| 取引⑦ | 12 | | 5,000,000 |
| 取引⑧ | 11 | 100,000,000 | |
| 取引⑧ | 12 | | 6,000,000 |
| 取引⑧ | 82 | | 94,000,000 |
| 取引⑨ | 11 | 8,000,000 | |
| 取引⑨ | 81 | | 8,000,000 |
| 取引⑩ | 21 | 1,000,000 | |
| 取引⑩ | 93 | 300,000 | |
| 取引⑩ | 11 | | 1,300,000 |
| (新)→ 取引⑪ | 91 | 30,000,000 | |
| (新)→ 取引⑪ | 11 | | 30,000,000 |
| (新)→ 取引⑫ | 91 | 10,000,000 | |
| (新)→ 取引⑫ | 11 | | 10,000,000 |

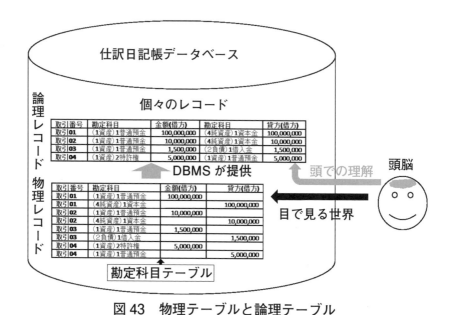

図43　物理テーブルと論理テーブル

表77　勘定科目テーブル（物理テーブル2）

| 勘定科目 | 勘定名 | |
|---|---|---|
| 11 | （1資産） | 1普通預金 |
| 12 | （1資産） | 2特許権 |
| 21 | （2負債） | 1借入金 |
| 31 | （3純資産） | 1資本金 |
| 81 | （8収益） | 1特許権許諾収入 |
| 82 | （8収益） | 2特許権売却益 |
| 91 | （9費用） | 1給料手当 |
| 92 | （9費用） | 2減損 |
| 93 | （9費用） | 3支払利息 |

## 表 78　仕訳日記帳（論理テーブル）

| 取引番号 | 勘定科目 | 借方金額 | 貸方金額 |
|---|---|---|---|
| 取引① | （1 資産）1 普通預金 | 100,000,000 | |
| 取引① | （3 純資産）1 資本金 | | 100,000,000 |
| 取引② | （1 資産）1 普通預金 | 10,000,000 | |
| 取引② | （3 純資産）1 資本金 | | 10,000,000 |
| 取引③ | （1 資産）1 普通預金 | 1,500,000 | |
| 取引③ | （2 負債）1 借入金 | | 1,500,000 |
| 取引④ | （1 資産）2 特許権 | 5,000,000 | |
| 取引④ | （1 資産）1 普通預金 | | 5,000,000 |
| 取引⑤ | （1 資産）2 特許権 | 6,000,000 | |
| 取引⑤ | （1 資産）1 普通預金 | | 6,000,000 |
| 取引⑥ | （1 資産）2 特許権 | 4,000,000 | |
| 取引⑥ | （1 資産）1 普通預金 | | 4,000,000 |
| 取引⑦ | （9 費用）2 減損 | 5,000,000 | |
| 取引⑦ | （1 資産）2 特許権 | | 5,000,000 |
| 取引⑧ | （1 資産）1 普通預金 | 100,000,000 | |
| 取引⑧ | （1 資産）2 特許権 | | 6,000,000 |
| 取引⑧ | （8 収益）2 特許権売却益 | | 94,000,000 |
| 取引⑨ | （1 資産）1 普通預金 | 8,000,000 | |
| 取引⑨ | （8 収益）1 特許権許諾収入 | | 8,000,000 |
| 取引⑩ | （2 負債）1 借入金 | 1,000,000 | |
| 取引⑩ | （9 費用）3 支払利息 | 300,000 | |
| 取引⑩ | （1 資産）1 普通預金 | | 1,300,000 |
| 取引⑪ | （9 費用）1 給料手当 | 30,000,000 | |
| 取引⑪ | （1 資産）1 普通預金 | | 30,000,000 |
| 取引⑫ | （9 費用）1 給料手当 | 10,000,000 | |
| 取引⑫ | （1 資産）1 普通預金 | | 10,000,000 |

　物理テーブルの2つが新しい論理テーブルを作ります。

　見かけ上，勘定科目欄には分かりにくい2桁の数字が，あたかもカテ
ゴリー名も勘定科目名もあるかのような使い勝手の良い論理テーブルに
変わりました。

　その結果，見かけ上は，物理レコードである複数行の仕訳日記帳が普
通の1取引1行の論理レコードである仕訳帳（**図43**）のように見えてき
ます。ここで，テーブルとはエクセルでいう表，レコードとはその行と
しておきます。

　これは，エクセルにおける **VLOOKUP** 関数や **HLOOKUP** 関数と同じ
ような機能ですが，使い勝手からすると，LOOKUP 関数よりも DBMS に
おける論理テーブルの方が優れています。

## 4　総勘定元帳

　ここでは，DBMS を使って仕訳日記帳から総勘定元帳を作成するワークフローを考えます。ワークフローは，次のようになります。

### 表79　ワークフロー

→仕訳日記帳①
→（【3】DBMS →【D】SQL 文
→総勘定元帳②

### 表80　手順書

| 報　告 | 手　順 | サンプル |
|---|---|---|
| 総勘定元帳 | SQL 文（エクセル手続きなし） | 表84 |
| 合計試算表 | SQL 文（エクセル手続きなし） | 表86 |
| 残高試算表 | SQL 文（エクセル手続きなし） | 表88 |
| 損益計算書 | SQL 文（エクセル手続きなし） | 表90 |
| 貸借対照表 | SQL 文（エクセル手続きなし） | 表92 |

　同じDBMSの下に論理テーブルとして仕訳日記帳が保存されていたとします。
　ここで留意しておいていただきたいのは，複合仕訳の処理です。
　複合仕訳の場合は，「諸口」としか出て来ませんが，慌てずにその行をドリルダウンして振替伝票まで到達してください。
　（1）　複合仕訳は振替伝票でのみ入力できます。
　（2）　DBMS によって複数行で貸借平均の原理が保持されているかを

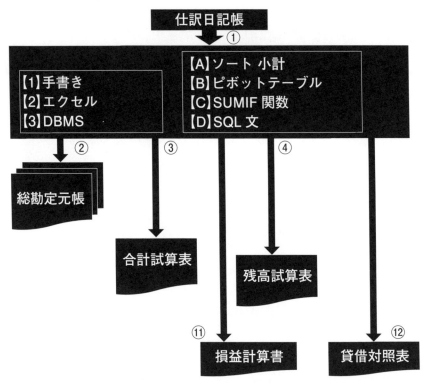

**図 44　ワークフロー（総勘定元帳）**
（⑤⑥⑦⑧⑨⑩は欠番です）

チェックされます。

(3)　仕訳日記帳には，仕訳がそのまま表示されます。

(4)　総勘定元帳で相手勘定が複数存在する場合は，相手勘定欄には「諸口」としてだけ記載されます。

(5)　「諸口」の詳細が知りたい場合は，仕訳日記帳の該当仕訳をダブルクリックすれば振替伝票が表示されます。

仕訳日記帳（**表 81**）の 1 行分を，複数行に分けて書いたのが 182 ページの複数行表示の仕訳日記帳（**表 83**）です。

## 表 81　仕訳日記帳

| 取引番号 | 勘定科目 | 金　額 | 勘定科目 | 金　額 |
|---|---|---|---|---|
| 取引① | （1 資産）1 普通預金 | 100,000,000 | （3 純資産）1 資本金 | 100,000,000 |
| 取引② | （1 資産）1 普通預金 | 10,000,000 | （3 純資産）1 資本金 | 10,000,000 |
| 取引③ | （1 資産）1 普通預金 | 1,500,000 | （2 負債）1 借入金 | 1,500,000 |
| 取引④ | （1 資産）2 特許権 | 5,000,000 | （1 資産）1 普通預金 | 5,000,000 |
| 取引⑤ | （1 資産）2 特許権 | 6,000,000 | （1 資産）1 普通預金 | 6,000,000 |
| 取引⑥ | （1 資産）2 特許権 | 4,000,000 | （1 資産）1 普通預金 | 4,000,000 |
| 取引⑦ | （9 費用）2 減損 | 5,000,000 | （1 資産）2 特許権 | 5,000,000 |
| 取引⑧ | （1 資産）1 普通預金 | 100,000,000 | （1 資産）2 特許権 | 6,000,000 |
| 取引⑧ | | | （8 収益）2 特許権売却益 | 94,000,000 |
| 取引⑨ | （1 資産）1 普通預金 | 8,000,000 | （8 収益）1 特許権許諾収入 | 8,000,000 |
| 取引⑩ | （2 負債）1 借入金 | 1,000,000 | （1 資産）1 普通預金 | 1,300,000 |
| 取引⑩ | （9 費用）3 支払利息 | 300,000 | | |
| 取引⑪ | （9 費用）1 給料手当 | 30,000,000 | （1 資産）1 普通預金 | 30,000,000 |
| 取引⑫ | （9 費用）1 給料手当 | 10,000,000 | （1 資産）1 普通預金 | 10,000,000 |

このように，複数行に分岐する記載方法も実務的には認められています。

　複数行表示とすれば，その仕訳日記帳では勘定科目に空白がなくなり，DBMS の定義を満たすようになります。データベースに上記の仕訳日記帳が掲載されていたとして，これから総勘定元帳を出力するための基本的な SQL 文は**表 82** のとおり大変に短い文章です。なお，相手勘定が二つ以上あるときは「諸口」と出るのが難点です。

## 表 82　総勘定元帳を得るための SQL 文(1)

```
SELECT 取引番号 , 勘定科目 , 資産金額 , 貸方金額
FROM 仕訳日記帳
ORDER BY 勘定科目 ASC , 取引番号 ASC
```

（1）　このＳＱＬ文は基本部分のみで，論理テーブルを作る部分などは割愛しています。

## 表83 複数行表示の仕訳日記帳

| 取引番号 | 勘定科目 | 相手勘定 | 借方金額 | 貸方金額 |
|---|---|---|---|---|
| 取引① | （1資産） 1普通預金 | 資本金 | 100,000,000 | |
| 取引① | （3純資産）1資本金 | 普通預金 | | 100,000,000 |
| 取引② | （1資産） 1普通預金 | 資本金 | 10,000,000 | |
| 取引② | （3純資産）1資本金 | 普通預金 | | 10,000,000 |
| 取引③ | （1資産）1普通預金 | 借入金 | 1,500,000 | |
| 取引③ | （2負債）1借入金 | 普通預金 | | 1,500,000 |
| 取引④ | （1資産）2特許権 | 普通預金 | 5,000,000 | |
| 取引④ | （1資産）1普通預金 | 特許権 | | 5,000,000 |
| 取引⑤ | （1資産）2特許権 | 普通預金 | 6,000,000 | |
| 取引⑤ | （1資産）1普通預金 | 特許権 | | 6,000,000 |
| 取引⑥ | （1資産）2特許権 | 普通預金 | 4,000,000 | |
| 取引⑥ | （1資産）1普通預金 | 特許権 | | 4,000,000 |
| 取引⑦ | （9費用）2減損 | 特許権 | 5,000,000 | |
| 取引⑦ | （1資産）2特許権 | 減損 | | 5,000,000 |
| 取引⑧ | （1資産）1普通預金 | 諸口 | 100,000,000 | |
| 取引⑧ | （1資産）2特許権 | 普通預金 | | 6,000,000 |
| 取引⑧ | （8収益）2特許権売却益 | 普通預金 | | 94,000,000 |
| 取引⑨ | （1資産）1普通預金 | 特許権許諾収入 | 8,000,000 | |
| 取引⑨ | （8収益）1特許権許諾収入 | 普通預金 | | 8,000,000 |
| 取引⑩ | （2負債）1借入金 | 普通預金 | 1,000,000 | |
| 取引⑩ | （9費用）3支払利息 | 普通預金 | 300,000 | |
| 取引⑩ | （1資産）1普通預金 | 諸口 | | 1,300,000 |
| 取引⑪ | （9費用）1給料手当 | 普通預金 | 30,000,000 | |
| 取引⑪ | （1資産）1普通預金 | 給料手当 | | 30,000,000 |
| 取引⑫ | （9費用）1給料手当 | 普通預金 | 10,000,000 | |
| 取引⑫ | （1資産）1普通預金 | 給料手当 | | 10,000,000 |

追加

## 表 84　総勘定元帳

| 取引番号 | 勘定科目 | 相手勘定 | 借方金額 | 貸方金額 |
|---|---|---|---|---|
| 取引① | （1 資産）1 普通預金 | 資本金 | 100,000,000 | |
| 取引② | （1 資産）1 普通預金 | 資本金 | 10,000,000 | |
| 取引③ | （1 資産）1 普通預金 | 借入金 | 1,500,000 | |
| 取引④ | （1 資産）1 普通預金 | 特許権 | | 5,000,000 |
| 取引⑤ | （1 資産）1 普通預金 | 特許権 | | 6,000,000 |
| 取引⑥ | （1 資産）1 普通預金 | 特許権 | | 4,000,000 |
| 取引⑧ | （1 資産）1 普通預金 | 諸口 | 100,000,000 | |
| 取引⑨ | （1 資産）1 普通預金 | 特許権許諾収入 | 8,000,000 | |
| 取引⑩ | （1 資産）1 普通預金 | 諸口 | | 1,300,000 |
| 取引⑪ | （1 資産）1 普通預金 | 給料手当 | | 30,000,000 |
| 取引⑫ | （1 資産）1 普通預金 | 給料手当 | | 10,000,000 |
| 取引④ | （1 資産）2 特許権 | 普通預金 | 5,000,000 | |
| 取引⑤ | （1 資産）2 特許権 | 普通預金 | 6,000,000 | |
| 取引⑥ | （1 資産）2 特許権 | 普通預金 | 4,000,000 | |
| 取引⑦ | （1 資産）2 特許権 | 減損 | | 5,000,000 |
| 取引⑧ | （1 資産）2 特許権 | 普通預金 | | 6,000,000 |
| 取引③ | （2 負債）1 借入金 | 普通預金 | | 1,500,000 |
| 取引⑩ | （2 負債）1 借入金 | 普通預金 | 1,000,000 | |
| 取引① | （3 純資産）1 資本金 | 普通預金 | | 100,000,000 |
| 取引② | （3 純資産）1 資本金 | 普通預金 | | 10,000,000 |
| 取引⑨ | （8 収益）1 特許権許諾収入 | 普通預金 | | 8,000,000 |
| 取引⑧ | （8 収益）2 特許権売却益 | 普通預金 | | 94,000,000 |
| 取引⑪ | （9 費用）1 給料手当 | 普通預金 | 30,000,000 | |
| 取引⑫ | （9 費用）1 給料手当 | 普通預金 | 10,000,000 | |
| 取引⑦ | （9 費用）2 減損 | 特許権 | 5,000,000 | |
| 取引⑩ | （9 費用）3 支払利息 | 普通預金 | 300,000 | |

　論理テーブルの仕訳日記帳に対して，SQL 文を実行した結果は**表 84** の通りとなります。第 1 位の並び順が勘定科目，第 2 位の並び順が取引番号順となります。SQL 文は，これらの工夫が入る前のデータを出力するものです。

## 5 | 合計試算表

　表82のデータベースに対して，表85のSQL文を適用すると，表86の合計試算表が得られます。

### 表85　合計試算表を得るためのSQL文[1]

SELECT SUM（借方金額）AS 借方合計 , 勘定科目 , SUM（貸方金額）
AS 貸方合計
FROM 仕訳日記帳
GROUP BY 勘定科目

（1）　このSQL文は基本部分のみで，論理テーブルを作る部分などは割愛しています。

### 表86　合計試算表

| 借方合計 | 勘定科目 | 貸方合計 |
|---:|:---:|---:|
| 219,500,000 | 普通預金 | 56,300,000 |
| 15,000,000 | 特許権 | 11,000,000 |
| 1,000,000 | 借入金 | 1,500,000 |
| 0 | 資本金 | 110,000,000 |
| 0 | 特許権許諾収入 | 8,000,000 |
| 0 | 特許権売却益 | 94,000,000 |
| 40,000,000 | 給料手当 | 0 |
| 5,000,000 | 減損 | 0 |
| 300,000 | 支払利息 | 0 |
| 280,800,000 | | 280,800,000 |

# 6 | 残高試算表

### 表 87　残高試算表を得るための SQL 文(1)

```
SELECT 勘定科目 ,SUM(借方金額) AS［借方金額］, SUM(貸方金額)
AS［貸方金額］
FROM 仕訳日記帳
GROUP BY 勘定科目
```

(1)　この SQL 文は基本部分のみで，論理テーブルを作る部分などは割愛して
　　います。

SQL 文を適用した結果は，**表 88** の通りです。

### 表 88　残高試算表

| 勘定科目 | | 借方金額 | 貸方金額 |
|---|---|---:|---:|
| (1 資産) | 1 普通預金 | 203,200,000 | |
| (1 資産) | 2 特許権 | 4,000,000 | |
| (2 負債) | 1 借入金 | | 500,000 |
| (3 純資産) | 1 資本金 | | 110,000,000 |
| (8 収益) | 1 特許権許諾収入 | | 8,000,000 |
| (8 収益) | 2 特許権売却益 | | 94,000,000 |
| (9 費用) | 1 減損 | 5,000,000 | |
| (9 費用) | 2 支払利息 | 300,000 | |
| | 計 | 212,500,000 | 212,500,000 |

# 7 損益計算書

　同じデータベース「仕訳日記帳」に対し，**表89** の SQL 文を走らせる
と**表90** の損益計算書ができます。

**表89　損益計算書を得るための SQL 文**[1]

```
SELECT 勘定科目, SUM(借方金額) AS ［借方金額], SUM(貸方金額)
AS ［貸方金額]
FROM 仕訳日記帳
WHERE カテゴリー = 8 or カテゴリー = 9
GROUP BY 勘定科目
```

（1）　この SQL 文は基本部分のみで，論理テーブルを作る部分などは割愛して
　　います。

**表90　損益計算書**

| 勘定科目 | 借方金額 | 貸方金額 |
|---|---|---|
| （収益）特許権許諾収入 | | 8,000,000 |
| （収益）特許権売却益 | | 94,000,000 |
| （費用）減損 | 5,000,000 | |
| （費用）支払利息 | 300,000 | |
| 計 | ① 5,300,000 | ② 102,000,000 |
| 当期純利益 | ③ 96,700,000 | |
| 計 | 102,000,000 | 102,000,000 |

# 8 貸借対照表

　同じデータベース「仕訳日記帳」に対し，**表 91** の SQL 文を走らせる
と**表 92** の貸借対照表ができます。

**表 91　貸借対照表を得るための SQL 文**[1]

```
カテゴリー番号 = 1，2 あるいは 3
SELECT 勘定科目, SUM（借方金額）AS［借方金額］, SUM（貸方金額）
AS［貸方金額］
FROM 仕訳日記帳
WHERE カテゴリー = 1 or カテゴリー = 2 or カテゴリー = 3
GROUP BY 勘定科目
```

(1)　この SQL 文は基本部分のみで，論理テーブルを作る部分などは割愛して
　　います。

**表 92　貸借対照表**

| 勘定科目 | 金額（資産） | 金額（負債・純資産） |
|---|---|---|
| （資産）普通預金 | 203,200,000 | |
| （資産）特許権 | 4,000,000 | |
| （負債）借入金 | | 500,000 |
| （純資産）資本金 | | 110,000,000 |
| （純資産）当期純利益 | | ④ 96,700,000 |
| 合計 | ⑤ 207,200,000 | ⑥ 207,200,000 |

# 9 データベースとは

　DBMS（データベース管理システム）では，オラクル，MySQL および Microsoft SQL Server が世界 3 強の地位にあります[(1)]。

　（1）　このランキングは，SOLID IT 社の「DB-Engines Ranking」のキーワードに関する 2020 年 5 月調査によるものです。ネットでの検索エンジンのランキング統計，求人サイトでの統計などからスコアリングシステムを作りだし，毎月ランキングを公表したものです。

　ある調査（**表 93**）でのオープンソースとは，一定の条件でライセンス料を免除するもので，通常は他の第三者がそのソフトを無償で使用できることを条件とします。

## 表 93　DBMS 人気ランキング

| 人気順位 | | | DBMS | ライセンス形態 |
|---|---|---|---|---|
| 5 月 | 4 月 | 5 月 | | |
| 2020 年 | 2020 年 | 2019 年 | | |
| 1 | 1 | 1 | Oracle | 商用 |
| 2 | 2 | 2 | MySQL | オープンソース |
| 3 | 3 | 3 | Microsoft SQL Server | 商用 |
| 4 | 4 | 4 | PostgreSQL | オープンソース |
| 5 | 5 | 5 | MongoDB | オープンソース |
| 6 | 6 | 6 | IBM Db2 | 商用 |
| 7 | 7 | 7 | Elasticsearch | オープンソース |
| 8 | 8 | 8 | Redis | オープンソース |
| 9 | 9 | 11 | SQLite | オープンソース |
| 10 | 10 | 9 | Microsoft Access | 商用 |

（https://db-engines.com/en/ranking）

　これらの DBMS はウィンドウズの OS 環境下で動くもの，あるいは Linux の OS 環境下のもとで動くものと様々ですが，日本でのパソコン版の会計ソフトに関しては OS がウィンドウズで，DBMS が米マイクロソフト社の DBMS である「Microsoft SQL Server」という環境が多いです。

---

### 渋沢栄一

　渋沢栄一（1840 〜 1931）は，埼玉県深谷市に生まれました。武士，官僚，実業家および教育者。官僚時代には複式簿記を導入。第一国立銀行などを経営し，王子製紙，東京ガス，日本郵船，東京電力，東京海上保険，ＪＲ東日本などの創業に参画しました。

　渋沢は，森有礼と共に商法講習所（一橋大学）を設立し，支援を続けました。商法講習所では簿記教育に注力しました。

2024 年度に発行予定の新 1 万円札に登場する渋沢栄一
（出典：財務省ホームページ）

# 10　物理テーブルと論理テーブル

　176 ページの**図 43** を例に説明します。

　データを入力する場合，予めデータを入れるテーブル（長方形の枠組み）を用意します。

　この例では，「勘定科目一覧表」というテーブルが既に存在して勘定科目情報を持っているとします（**表 77**）。

　いわゆる，マスターレコードといわれるものです。

　また，仕訳日記帳という取引テーブルがあります。

　この二つのテーブルは，実際に二つのテーブルの形で存在していたとします。

　この場合，この二つのテーブルを**物理テーブル**あるいは**実テーブル**といいます。

　このような環境ですと，二つのテーブルがあって科目コードをいちいち見に行くのは煩雑なので，単に勘定コードではなく，両者を融合させた勘定科目名からの入出力が可能になれば使い勝手が良くなります。

　これを実現するのは**論理テーブル**です。

　DBMS は，「勘定科目一覧表」と「仕訳日記帳」から必要に応じて仮想上の「勘定科目名入りの仕訳日記帳」を作れば良しとしました[1]。

　(1)　データベースの中でも最も一般的なリレーショナル・データベースといわれるもので説明をしています。

　DBMS は，データの選択，小計や合計，ソート，二つのテーブルの結合などが極めて短い SQL 文で書けます。その結果，以下の三つのメリットがあります。

（1）　更新が楽

　　勘定科目のデータを訂正（更新）する場合，テーブルの該当箇所の 1 か所だけを書き換えれば済みます。

（2）　データ量の節約

　　取引データにはカテゴリーコードと勘定コードだけを記入すれば良いので，全体としてのデータ量の節約になります。

（3）　情報の効率化

　　大きな仕訳日記帳テーブルを検索する場合，小さな論理テーブルを派生的に作り，その小さな論理テーブルに対して検索をすれば効率化が図られます。

## 飯塚　毅――TKC の創立者

　飯塚　毅（1918〜2004）は，公認会計士，税理士および TKC の創立者。

　1963 年に勃発した脱税 教 唆を容疑とするいわゆる飯塚事件では，国を相手に 7 年間の裁判で無罪を勝ち取ったことで知られています。

　裁判が審議中の 1971 年に TKC 全国会を創立，初代会長に就任しました。

　TKC の当初からの事業目的は次の二つとされています。

飯塚　毅

1.　会計事務所の 職 域防衛と運命打開のため受託する計算センターの経営

2.　地方公共団体の行政効率向 上を受託する計算センターの経営

　単に碩学の飯塚に留まらず，さらに税理士の社会的地位の向上に寄与され，また，そのためには計算センターの設立という政策までも見通されるところに敬意を表したいものです。

　ちなみに，TKC とは，1966 年に宇都宮市に設立された株式会社栃木県計算センターの頭文字です。

# 第13章 複式簿記は手書きでもなんとかできます

◉エクセルが勝てなかった複式簿記も，手書き簿記なら対応が可能です。

# 1 | 合計残高試算表

　今時，会計でエクセルも会計ソフトも使わない，使えるのは電卓だけ
という完全な手書き簿記という時代遅れの世界が存在するのでしょう
か？

　あります。それは，いわゆる**受験簿記**です。

　受験簿記の参考書が書店に並んでいますが，いくら受験簿記に精通し
ても，会計ソフトが使えないと，就職先では手取り足取りで教えてもら
わないと，初日からすることがないということになりかねません。

　まずは，受験簿記とは何か，本章でワークフローで説明します。

　下がワークフローの軌跡です。

### 表94　ワークフロー

```
仕訳日記帳①→
→【A】手書き転記
→総勘定元帳②
→精算表転記⑧
→合計試算表⑨
→残高試算表⑩
→（損益計算書⑪または貸借対照表⑫）
```

　ワークフローが示すように，総勘定元帳から合計試算表，その次に残
高試算表，損益計算書，最後に貸借対照表と順番が決まっているところ
に手書き簿記の特徴があります。手書き簿記では，必ず総勘定元帳の作
成が先に必要です。

表95　手書き簿記のワークフロー

| 報　告 | 手　順 | サンプル |
|---|---|---|
| 仕訳日記帳① | 手書きの仕訳 | 表96 |
| 総勘定元帳② | 手書きの転記により作成 | 表98 |
| 合計試算表⑦ | 手書きの転記により作成 | 表99 |
| 残高試算表⑧ | 手書きの転記により作成 | 表100 |
| 精算表 | 手書き精算表（3桁精算表） | 表101，表102 |
| 損益計算書⑪ | 手書きの転記により作成 | 表103 |
| 貸借対照表⑫ | 手書きの転記により作成 | 表104 |

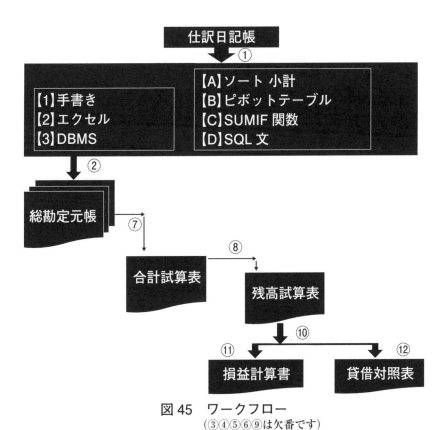

図45　ワークフロー
（③④⑤⑥⑨は欠番です）

　手書きで行うときには，カテゴリー番号，カテゴリー記述，勘定科目番号が不要です。ここでは，人間の暗黙の常識が担当者には備わっているものとの前提があります。

　本書では，手書き簿記の雰囲気だけでも味わっていただくように，手で記入する文字フォントには 行書体（ぎょうしょたい）を使っています。

　とにかく手書きですし，夜でも明るい照明器具も発達していなかった時代ですから，小さい字は書けないので，記述の量を減らす必要がありました。

　そこで，徹底した無駄な文字列を省（はぶ）いた結果，現在の仕訳日記帳のスタイルが生まれ，コンピュータ時代において使用されているデータベースのテーブルにたまたま一致していました(1)。

（1）　DBMSにおけるデータベースのテーブル概念を，コンピュータのない500年も前から簿記の分野では手書き仕訳日記帳として使ってきたのは興味深い事実です。情報科学の素晴らしい発明「DBMS」は，実は既に500年前から複式簿記の世界では使われてきたのです。

　前章に引き続き，⑪番目と⑫番目の取引として，次の取引を追加します。

【翌年3月31日の取引】

取引⑪　甲株式会社は，Aさんに 30,000,000 円の給与を支払った。

取引⑫　甲株式会社は，Bさんに 10,000,000 円の給与を支払った。

## 表96　仕訳日記帳

| 取引番号 | 勘定科目 | 借方金額 | 勘定科目 | 貸方金額 |
|---|---|---|---|---|
| 取引① | 普通預金 | 100,000,000 | 資本金 | 100,000,000 |
| 取引② | 普通預金 | 10,000,000 | 資本金 | 10,000,000 |
| 取引③ | 普通預金 | 1,500,000 | 借入金 | 1,500,000 |
| 取引④ | 特許権 | 5,000,000 | 普通預金 | 5,000,000 |
| 取引⑤ | 特許権 | 6,000,000 | 普通預金 | 6,000,000 |
| 取引⑥ | 特許権 | 4,000,000 | 普通預金 | 4,000,000 |
| 取引⑦ | 減損 | 5,000,000 | 特許権 | 5,000,000 |
| 取引⑧ | 普通預金 | 100,000,000 | 特許権 | 6,000,000 |
| 取引⑧ | | | 特許権売却益 | 94,000,000 |
| 取引⑨ | 普通預金 | 8,000,000 | 特許権許諾収入 | 8,000,000 |
| 取引⑩ | 借入金 | 1,000,000 | 普通預金 | 1,300,000 |
| 取引⑩ | 支払利息 | 300,000 | | |
| （新）取引⑪ | 給料手当 | 30,000,000 | 普通預金 | 30,000,000 |
| （新）取引⑫ | 給料手当 | 10,000,000 | 普通預金 | 10,000,000 |
| | 計 | 280,800,000 | 計 | 280,800,000 |

　総勘定元帳の残高を集計すれば，試算表が得られます。

　試算表の最下行にある合計の金額は貸借が一致します。

　これを試算表の**貸借平均の原理**(2)といい，算盤と手書きで記帳していた時代には非常に重要なチェック機能とされていました。

（2）　貸借平均の原理は，貸借均衡の原理ともいいます。

　仕訳日記帳から総勘定元帳に転記するときはミスが起きやすく，またミスに見せかけた不正も可能ですから会計監査も必要とされてきました。ミスの多くは，⑧と⑨の複合仕訳に関して発生しやすいです。

　**表96**の試算表情報を1行ずつ，未記入の総勘定元帳（**表97**）に記入していきます。

## 表 97　未記入の総勘定元帳

普通預金

特許権

借入金

資本金

損益

## 表98　総勘定元帳（手書き）

### 普通預金

| 取引① | 資本金 | 100,000,000 | | | |
|---|---|---|---|---|---|
| 取引② | 資本金 | 10,000,000 | | | |
| 取引③ | 借入金 | 1,500,000 | | | |
| | | | 取引④ | 特許権 | 5,000,000 |
| | | | 取引⑤ | 特許権 | 6,000,000 |
| | | | 取引⑥ | 特許権 | 4,000,000 |
| 取引⑧ | 特許権 | 100,000,000 | | | |
| 取引⑧ | 諸口 | 100,000,000 | | | |
| | | | 取引⑩ | 諸口 | 1,300,000 |
| | | | 取引⑪ | 給料手当 | 30,000,000 |
| | | | 取引⑫ | 給料手当 | 10,000,000 |
| | | 219,500,000 | | | 56,300,000 |

### 特許権

| 取引④ | 普通預金 | 5,000,000 | | | |
|---|---|---|---|---|---|
| 取引⑤ | 普通預金 | 6,000,000 | | | |
| 取引⑥ | 普通預金 | 4,000,000 | | | |
| | | | 取引⑦ | 減損 | 5,000,000 |
| | | | 取引⑧ | 普通預金 | 6,000,000 |
| | | 15,000,000 | | | 11,000,000 |

### 借入金

| | | | 取引③ | 普通預金 | 1,500,000 |
|---|---|---|---|---|---|
| 取引⑩ | 普通預金 | 1,000,000 | | | |

### 資本金

| | | | 取引② | 普通預金 | 10,000,000 |
|---|---|---|---|---|---|
| | | | 取引① | 普通預金 | 100,000,000 |
| | | | | | 110,000,000 |

### 損益

| | | | 取引⑨ | 特許権許諾収入 | 8,000,000 |
|---|---|---|---|---|---|
| | | | 取引⑧ | 特許権売却益 | 94,000,000 |
| 取引⑦ | 減損 | 5,000,000 | | | |
| 取引⑩ | 支払利息 | 300,000 | | | |
| 取引⑪ | 給料手当 | 30,000,000 | | | |
| 取引⑫ | 給料手当 | 10,000,000 | | | |
| | | 45,300,000 | | | 102,000,000 |

### 表99　合計残高試算表（1）

| 借方残高 | 借方合計 | | 貸方合計 | 貸方残高 |
|---|---|---|---|---|
| | 219,500,000 | 普通預金 | 56,300,000 | |
| | 15,000,000 | 特許権 | 11,000,000 | |
| | 1,000,000 | 借入金 | 1,500,000 | |
| | | 資本金 | 110,000,000 | |
| | | 特許権許諾収入 | 8,000,000 | |
| | | 特許権売却益 | 94,000,000 | |
| | 40,000,000 | 給与手当 | | |
| | 5,000,000 | 減損 | | |
| | 300,000 | 支払利息 | | |
| | 280,800,000 | 合計 | 280,800,000 | |

　総勘定元帳への1行ずつの転記の結果が**表98**です。

　手書きの場合には細心の注意で，転記ミスがないようにします。

　損益の取引数が少ない場合には，このように「損益」勘定にまとめる方法もあります。受験簿記に便利です。

　総勘定元帳の各勘定毎の借方合計金額と貸方合計金額を合計残高試算表に注意深く手書き転記します（**表99**）。

　合計行の金額（280,800,000円）となることをご確認ください。

　参考までに，損益計算書の勘定科目の行は緑アミにしました。

表 100　合計残高試算表 (2)

| 借方残高 | 借方合計 | | 貸方合計 | 貸方残高 |
|---|---|---|---|---|
| 163,200,000 | 219,500,000 | 普通預金 | 56,300,000 | |
| 4,000,000 | 15,000,000 | 特許権 | 11,000,000 | |
| | 1,000,000 | 借入金 | 1,500,000 | 500,000 |
| | | 資本金 | 110,000,000 | 110,000,000 |
| | | 特許権許諾収入 | 8,000,000 | 8,000,000 |
| | | 特許権売却益 | 94,000,000 | 94,000,000 |
| 40,000,000 | 40,000,000 | 給料手当 | | |
| 5,000,000 | 5,000,000 | 減損 | | |
| 300,000 | 300,000 | 支払利息 | | |
| 212,500,000 | 280,800,000 | | 280,800,000 | 212,500,000 |

比較

＞の場合　　　　　　　　　＜の場合

　手書き的にそれぞれの行の借方残高と貸方残高を求めます（**表 100**）。
参考までに，損益計算書の行は緑アミにしました。

　1 行目の「普通預金」を例に説明します。219,500,000 円と 56,300,000
円とを比較します。差額は 163,200,000 円であり，219,500,000 円＞
56,300,000 円ですから，「より大なり」の 219,500,000 円の側（借方）に
差額を記入します。

# 2 精算表

　合計残高試算表までできれば，これを右展開して貸借対照表と損益計算書に2分割します。精算表は，分割する手順をよく示しています。

　今では受験簿記でしかお目にかかりませんが，精算表を手書きかエクセルで作成しました。参考のために，損益計算書の項目は緑アミにしました。

### 表 101　6桁精算表

| 勘定科目 | 残高試算表 | | 損益計算書 | | 貸借対照表 | |
|---|---|---|---|---|---|---|
| | 借方 | 貸方 | 借方 | 貸方 | 借方 | 貸方 |
| 普通預金 | 163,200,000 | | | | 163,200,000 | |
| 特許権 | 4,000,000 | | | | 4,000,000 | |
| 借入金 | | 500,000 | | | | 500,000 |
| 資本金 | | 110,000,000 | | | | 110,000,000 |
| 特許権許諾収入 | | 8,000,000 | | 8,000,000 | | |
| 特許権売却益 | | 94,000,000 | | 94,000,000 | | |
| 給料手当 | 40,000,000 | | 40,000,000 | | | |
| 減損 | 5,000,000 | | 5,000,000 | | | |
| 支払利息 | 300,000 | | 300,000 | | | |
| 当期純利益 | | | 56,700,000 | | | 56,700,000 |
| 合計 | 212,500,000 | 212,500,000 | 102,000,000 | 102,000,000 | 167,200,000 | 167,200,000 |

　精算表を見ながら，最終的な損益計算書と貸借対照表のワープロ・フォームに打ち込んで，上司の承認印を貰ってご苦労様という時代もありました。

　参考までに，－の値を（カッコ）表示とする欧米の実務が如何に便利かを示しましょう。

　上の精算表（**表101**）が7桁でしたが，下記（**表102**）の（カッコ）

## 表 102　3 桁精算表

| 勘定科目 | 残高試算表 借方（貸方） | 損益計算書 借方（貸方） | 貸借対照表 資産(負債・純資産) |
|---|---|---|---|
| 普通預金 | 163,200,000 | | 163,200,000 |
| 特許権 | 4,000,000 | | 4,000,000 |
| 借入金 | (500,000) | | (500,000) |
| 資本金 | (110,000,000) | | (110,000,000) |
| 特許権許諾収入 | (8,000,000) | (8,000,000) | |
| 特許権売却益 | (94,000,000) | (94,000,000) | |
| 給料手当 | 40,000,000 | 40,000,000 | |
| 減損 | 5,000,000 | 5,000,000 | |
| 支払利息 | 300,000 | 300,000 | |
| 当期純利益 | | 56,700,000 | (56,700,000) |
| 合計 | 0 | 0 | 0 |

表示では 4 桁で終わっています。習慣上，ここでの精算表（**表 101**）は「6 桁精算表」と呼ばれるものです（7 桁ではありません）。また，**表 102** は「3 桁精算表」と呼ばれます。**表 101** または**表 102** の精算表を**表 103** の損益計算書と**表 104** の貸借対照法とに分割します。

## 表 103　損益計算書（手書き）

| | 金　額 | |
|---|---|---|
| 特許権許諾収入 | | 8,000,000 |
| 特許権売却益 | | 94,000,000 |
| | | 102,000,000 |
| 給料手当 | 40,000,000 | |
| 減損 | 5,000,000 | |
| 支払利息 | 300,000 | |
| 計 | | 45,300,000 |
| 当期純利益 | | 56,700,000 |

## 表104　貸借対照表（手書き）

|  | 資　産 | 負債および純資産 |
|---|---|---|
| 普通預金 | 163,200,000 |  |
| 特許権 | 4,000,000 |  |
| 借入金 |  | 500,000 |
| 資本金 |  | 110,000,000 |
| 当期純利益 |  | 56,700,000 |
| 合計 | 167,200,000 | 167,200,000 |

　第4部も終わりに来ました。振り返りますと，第1部では，仕訳日記帳というデータを貸借対照表が要約して頂点に立っていることを説明しました。第2部では，道具としての種々のエクセル関数，DBMS，手書き技術を説きました。

　本章では，10ページそこそこの少ないページ数で手書き会計の概要をまとめることが出来ました。説明は，ワークフロー，仕訳日記帳，総勘定元帳，合計試算表，残高試算表，精算表，損益計算書および貸借対照表までを含んでいます。

　理論が少しわかるだけで，説明が簡潔で足るのです。

# 練習問題

【問題1】 下記の文章の空欄<sup>くうらん</sup>に当てはまる用語として，最も適当なものを選びなさい。

「一会計期間の収益より費用を差し引いて利益を算定する方法を（　　）という。」

（ア）　差額法
（イ）　棚卸法
（ウ）　損益法
（エ）　資産負債法

（日商簿記初級類題）

《解答》 （ウ）　損益法

　これ以外の（ア）の差額法，（イ）の棚卸法，（エ）の資産負債法は第2章の説明になっています。

【問題2】 下記の文章の空欄に当てはまる用語として，最も適当なものを選びなさい。

「取引を借方の要素と貸方の要素とに分解して記録する
規格化を（　　　　）という。」
（ア）　ピボットテーブル
（イ）　転記
（ウ）　集計
（エ）　仕訳

（日商簿記初級類題）

《解答》（エ）　仕訳

　（ア）のピボットテーブルは，仕訳データを利用するための技法です。
　（イ）の転記は，手書き簿記の時代に仕訳データを総勘定元帳形式に書
き替えるための手法なので，処理機能に属すると考えられます。
　借方と貸方に分類して記録することは入力機能に属します。
　予め（ウ）の集計をするとか，集計が容易になるために整理をしてお
くことは処理機能です。

【問題3】　下記のうち，貸借対照表を説明したものはどれですか。
　　　　　（ア）　一定期間における，現金・預金の収入・支出を示
　　　　　　　　したもの
　　　　　（イ）　一定期間における，資金の調達と運用を示したも
　　　　　　　　の
　　　　　（ウ）　会計期間に属するすべての収益と費用を記載し，
　　　　　　　　算出した利益を示したもの

（エ）　会計期間の期末日時点での財政状態を示したもの

（基本情報技術者平成 18 年春期　午前問 72）

《解答》（エ）　会計期間の期末日時点での財政状態を示したもの

貸借対照表は，主に「ある時点」に関する情報です（36 ページの「1 貸借対照表とは」および注(1)を参照してください）。

（ア）から（ウ）は，全て会計期間についての説明であり，誤答です。

なお，（ア）は，貸借対照表は現金や預金以外にも売掛金，商品あるいは固定資産も対象とします。**現金出納帳**や**預金出納帳**の説明です。

（イ）は，貸借対照表が示すのはあくまでも期末の調達残高と運用残高であり，一定期間の調達額と運用額ではありません。後者を示すのは，資金運用表，資金計画書やキャッシュ・フロー計算書などです。

（ウ）は，**損益計算書**の説明です。会計期間とは通常は 12 か月です。

（エ）の**財政状態**とは，ある時点での資産，負債および純資産の状態をいいます。

**【問題 4】**　下記の財務諸表のうち，一定時点における企業の資産・負債および純資産を表示し，企業の財政状態を明らかにするものはどれですか。
（ア）　株主資本等変動計算書
（イ）　キャッシュフロー計算書
（ウ）　損益計算書
（エ）　貸借対照表

（基本情報技術者平成25年春期 午前問77）

**《解答》 （エ） 貸借対照表**

 （ア）から（ウ）は，全て会計期間に関する報告書ですから，問題にある一定時点には該当しません（36ページの注(1)参照）。

 （ア）の株主資本等変動計算書は，ある会計期間での純資産の期首から期末への増減を示した書類です。

 （イ）のキャッシュフロー計算書は，ある会計期間でのキャッシュ（資金）の流れを分類し集計した書類です。キャッシュフロー計算書の正式な名称は，「キャッシュ・フロー計算書」ですので，決算書の書名などでは「・」の要否にご留意ください。実務では前例に従ってください。

 （ウ）の損益計算書は，会計期間における収益と費用を集計した書類です。

---

**【問題5】** 企業会計において，仕訳によって日付順に整理された取引を，勘定科目毎に記帳整理し，決算に必要な基礎資料を提供する役割を果たすものはどれですか。

 （ア） 試算表

 （イ） 仕訳日記帳

 （ウ） 精算表

 （エ） 総勘定元帳

（初級シスアド平成21年春期・問64）

---

**《解答》 （エ） 総勘定元帳**

　問題文中の「仕訳によって日付順に整理された取引」とは仕訳日記帳のことですから，これを「勘定科目毎に記帳整理し」たものとは，（エ）の総勘定元帳となります（131 ページの**図 32** 参照）。

　（ア）の試算表は，通常，1 ページの要約表です。

　試算表は，総勘定元帳を勘定科目毎に得られる借方・貸方の合計を一覧表にしたものです（148 ページの**図 40** 参照）。

　これには合計試算表と残高試算表があり，残高試算表は合計試算表の借方合計と貸方合計のそれぞれの合計欄を差し引いて求めます。

　IT 用語でいえば科目毎にサマリーソートした表，あるいはピボットテーブルで科目毎に金額を集計した表です。

　（ウ）の精算表は，年度末に行う特有の仕訳を一覧表にしたもので，決算時に必要となる仕訳日記帳であり，また，残高試算表を 195 ページの**図 45** の⑩の過程で⑪損益計算書と⑫貸借対照表に分割するための作業用の表を指します。

　現在では，精算表（140 ページの**表 62**）はかつてほど実務で使われることはなく，もっぱら受験簿記で使われます。

　なお，ワークフロー（180 ページの**図 44**）において，精算表は次の二つの機能を有するエクセルシートです(1)。

(1)　エクセルシートを使って，実務上，精算表で本決算に先行して決算を仮締めしました。現在でも受験簿記（日本商工会議所簿記検定）などでは，年次決算手続きに関連して頻繁に出題されます。

● 仕訳日記帳の修正

● 残高試算表を「損益計算書と貸借対照表」へと分割

　パソコン会計システムがなかった頃，先に決算書の数字を鉛筆で試算するために重宝しました。

---

**【問題6】** 下記の文章の空欄に当てはまる用語として，最も適当な
ものを選びなさい。

「合計試算表の借方金額の合計額と貸方金額の合計額は
必ず一致する。これを（　　　）という。」

（ア）　利益額補充の原理

（イ）　貸借転記の原理

（ウ）　貸借平均の原理

（エ）　複式簿記の原理

（日商簿記初級類題）

---

《解答》　（ウ）　貸借平均の原理

　会計用語に関する会計知識を質問しています。

　（ア）の利益額補充の原理や（イ）の貸借転記の原理については，このような会計用語はありません。

　正しいようにも聞こえますが，そもそも貸借転記の原理という言い方はありません。

　ネット検索しても，（ウ）の貸借平均の原理しか出てきません。

　理論の問題ではなく，業界用語に関する実務的な問題です。

　（エ）の複式簿記の原理は全くの間違いではありませんが，借方合計額と貸方合計額が一致することを述べる場合には，選択肢の中からは（ウ）の貸借平均の原理が最も関連性が高い用語です。

【問題7】　東京商店は，1月中の取引に基づいて，下記の月次合計
　　　　　残高試算表を作成している。

　　　　　月次合計残高試算表を完成させて，下記の問いに答えな
　　　　　さい。

　　　　　なお，東京商店は商品売買をすべて掛けでおこない，仕
　　　　　入および売上での返品は生じていない。

　　　　　東京商店の決算は，年1回，12月31日である。

| 借方残高 | 借方合計 | 勘定科目 | 貸方合計 | 貸方残高 |
|---|---|---|---|---|
| | 750,000 | 現金 | 730,000 | |
| | 170,000 | 当座預金 | 155,000 | |
| | 300,000 | 受取手形 | 240,000 | |
| | 1,240,000 | 売掛金 | 700,000 | |
| | 230,000 | 繰越商品 | | |
| | 617,000 | 備品 | | |
| | | 減価償却累計額 | 220,000 | |
| | 400,000 | 買掛金 | 500,000 | |
| | 300,000 | 借入金 | 903,000 | |
| | 66,000 | 資本金 | 300,000 | |
| | | 売上 | 1,240,000 | |
| | | 受取手数料 | 12,000 | |
| | 500,000 | 仕入 | | |
| | 200,000 | 給料 | | |
| | 50,000 | 広告宣伝費 | | |
| | 80,000 | 支払家賃 | | |
| | 87,000 | 交通費 | | |
| | 10,000 | 支払利息 | | |
| | 5,000,000 | | 5,000,000 | |

## 以下の金額はいくらですか。

| | |
|---|---|
| ① １月中の売掛金回収高 | |
| ② １月中の買掛金支払高 | |
| ③ １月末の現金残高 | |
| ④ １月末の備品の帳簿価額 | |
| ⑤ １月末の負債総額 | |
| ⑥ １月末の総資産額 | |

（日商簿記初級類題）

《解答》

　グレーにアミかけされた部分が損益項目です。

　本問のワークフロー上の位置関係は次の通りで，本問題については下記のワークフローとなります。

### ワークフロー

合計試算表
→⑧
→残高試算表

　214ページの月次合計残高試算表において，借方合計欄（Ｂ）と貸方合計欄（Ｃ）を比較し，（Ｂ）＞（Ｃ）の場合，その差額を借方残高欄（Ａ）に記入します。

　借方合計欄（Ｂ）と貸方合計欄（Ｃ）を比較し，（Ｂ）＜（Ｃ）の場合，その差額を貸方残高欄（Ｄ）に記入します。

　最後に，合計行に（Ａ）と（Ｄ）のそれぞれの合計額を記入します。これと同様に求めます。

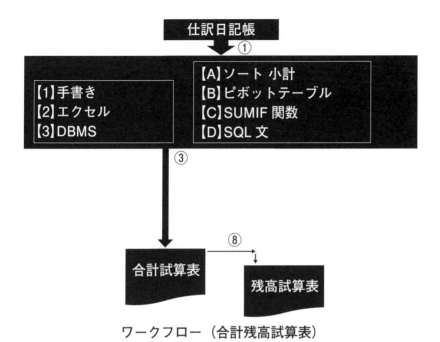

ワークフロー（合計残高試算表）

## 月次合計残高試算表

| 借方残高(A) | 借方合計(B) | 勘定科目 | 貸方合計(C) | 貸方残高(D) |
|---|---|---|---|---|
| ③ 20,000 | 750,000 | 現金 | 730,000 | |
| 15,000 | 170,000 | 当座預金 | 155,000 | |
| 60,000 | 300,000 | 受取手形 | 240,000 | |
| 540,000 | 1,240,000 | 売掛金 | ① 700,000 | |
| 230,000 | 230,000 | 繰越商品 | | |
| ④ 617,000 | 617,000 | 備品 | | |
| | | 減価償却累計額 | 220,000 | ④ 220,000 |
| | ② 400,000 | 買掛金 | 500,000 | ⑤ 100,000 |
| | 300,000 | 借入金 | 903,000 | ⑤ 603,000 |
| | 66,000 | 資本金 | 300,000 | 234,000 |
| | | 売上 | 1,240,000 | 1,240,000 |
| | | 受取手数料 | 12,000 | 12,000 |
| 500,000 | 500,000 | 仕入 | | |
| 200,000 | 200,000 | 給料 | | |
| 50,000 | 50,000 | 広告宣伝費 | | |
| 80,000 | 80,000 | 支払家賃 | | |
| 87,000 | 87,000 | 交通費 | | |
| 10,000 | 10,000 | 支払利息 | | |
| 2,409,000 | 5,000,000 | 合計 | 5,000,000 | 2,409,000 |

## 《五つの質問の解答》

| ①1月中の売掛金回収高 | 700,000 | 1月次売掛金勘定の月々の貸方記入額は，売掛金回収額，売上返品額，貸倒額しかない。売上返品はないと条件にあるし，月次では貸し倒れの見積もりをしないから，売掛金回収額しかない。 |
|---|---|---|
| ②1月中の買掛金支払高 | 400,000 | 買掛金の期初残高0円，掛仕入高500,000円，買掛金支払額400,000円，月末残高0円。 |
| ③1月末の現金残高 | 20,000 | 20,000円。 |
| ④1月末の備品の帳簿価額 | 397,000 | ④の差額。定義により「＝備品－減価償却累計額」として求める。 |
| ⑤1月末の負債総額 | 703,000 | ⑤の合計。負債に属する勘定科目は，買掛金と借入金のみ。 |
| ⑥1月末の総資産額 | 1,262,000 | （現金③20,000円から④617,000円までの合計）－減価償却累計額④220,000円 |

## ◉第5部◉

# いざ，初めての
# 会計実務へ

## 阪神タイガースのプロ野球選手から公認会計士へ

第13章まで読めた人は，もう原理的には大丈夫です。そこで，特に会計の道を目指す人には参考になると思われる先例をご紹介しましょう。

元阪神タイガースの奥村武博選手（1979〜）。彼は，岐阜県立土岐商業高等学校に入学。同校の野球部では，日商簿記検定2級に合格することが公式戦出場の条件になっていたため，2年生のときに2級に合格しました。

3年生のときに県予選の決勝戦で敗れて甲子園には行けませんでしたが，阪神タイガースには卒業と同時に1998年に入団し，2001年に自由契約になりました。

公認会計士試験には9回目の受験で2013年に合格し，インターンを経て2017年に晴れて公認会計士に登録しました。

（出典：『高卒元プロ野球選手が公認会計士になった!』洋泉社，Wikipedeia，など）

# 第14章　月末や年度末をまたぐ記帳

# 1 日本の暦に馴れてください

　日本の会計が面倒なのは，万や億の桁の呼び方が4桁で繰り上がっていること，西洋暦と和暦の両方が使われていること，財務年度の締め日に，12月末でなく3月末が多いことなどがあります。

　とりわけ暦については，政府が予算執行のために3月末日で終了する年度を用いているので，民間企業でも12月末ではなく，3月末決算が多いのです。

▶政府機関の年度でも，労働保険の保険年度は4月1日から3月31日までで，会社は自社の決算期にかかわらず，4月，5月および6月を計算した「年度更新申告書」を7月10日までに提出します。ここで労働保険とは，具体的には労災保険および雇用保険を指します。

▶また，健康保険と厚生年金保険からなる社会保険については，会社は4月，5月および6月の「月額算定基礎届」を7月10日までに年金事務所に提出し，9月分から1年間にわたり適用となる「報酬月額決定通知書」に従って納付することとなります。

　2019年には令和天皇が即位されたので，2019年5月1日からは令和元年度がスタートしていますが，令和元年度の代わりに平成31年度を使っても良いことになっています。

　会計ソフトでは，和暦と西洋暦が選択可能となっています。

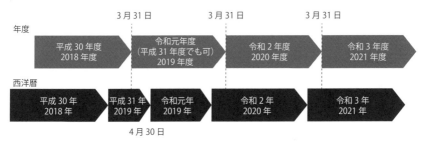

**図 46　西洋暦と和暦**

　日本には, 日本特有の休暇（お盆<sup>ぼん</sup>, ゴールデンウィーク）があり, イースター休暇はありません。

　ちなみに, 数字の読み方は, 3 桁ごとにコンマを振って, たとえば, 次のように読みます。

　123,456,789 は頭の中で 4 桁毎にコンマを打ち直して 1,2345,6789 とし, さらにこれを 1 億 2345 万 6789 とし, 1 億 2 千 345 万 6 千 789 と読みます。

　会計ソフトでは, 大きな金額を入力する場合, たとえば 10,000,000 と打ち込む場合には,「10//」あるいは「10,,」と打ち込めば「10,000,000」と打ち込んだのと同じ結果になる機能がついています。

　また, 日本円から米ドルへの大まかな 100 円換算では 1 億円≒ 1 US million dollars となりますから, 覚えておけば便利です。

表 105　西洋暦と和暦の早見表

| 西洋暦 | 和　暦 | |
|---|---|---|
| 2021 年 | 令和 3 年 | |
| 2020 年 | 令和 2 年 | |
| 2019 年 | 令和元年 | 5 月 1 日〜 |
| | 平成 31 年 | 〜 4 月 30 日（ただし，「令和元年度」は，平成 31 年（2019 年）4 月 1 日から令和 2 年（2020 年）3 月 31 日までとなります） |
| 2018 年 | 平成 30 年 | |
| 2017 年 | 平成 29 年 | |
| 2016 年 | 平成 28 年 | |
| 2015 年 | 平成 27 年 | |
| 2014 年 | 平成 26 年 | |
| 2013 年 | 平成 25 年 | |
| 2012 年 | 平成 24 年 | |
| 2011 年 | 平成 23 年 | |
| 2010 年 | 平成 22 年 | |
| 2009 年 | 平成 21 年 | |
| 2008 年 | 平成 20 年 | |
| 2007 年 | 平成 19 年 | |
| 2006 年 | 平成 18 年 | |
| 2005 年 | 平成 17 年 | |
| 2004 年 | 平成 16 年 | |
| 2003 年 | 平成 15 年 | |
| 2002 年 | 平成 14 年 | |
| 2001 年 | 平成 13 年 | |
| 2000 年 | 平成 12 年 | |
| 1990 年 | 平成 2 年 | |
| 1989 年 | 平成元年 | 1 月 8 日〜 |
| | 昭和 64 年 | 〜 1 月 7 日 |
| 1988 年 | 昭和 63 年 | |
| 1980 年 | 昭和 55 年 | |
| 1970 年 | 昭和 45 年 | |
| 1960 年 | 昭和 35 年 | |

# 2　会計ソフトが便利な理由

## ⑴　上書きや削除が簡単

　ほとんどの会計ソフトでは，記帳済の仕訳への上書きや削除が可能です。ですから，帳面が汚れません。

## ⑵　自動仕訳と複合仕訳

　司法書士からの請求書 2 万円に対して支払う場合，源泉所得税 1,000 円を差し引いた金額 19,000 円を普通預金で振り込みます。預金通帳を見ながら，会計ソフトを使って普通預金出納帳画面の出金欄に 支払手数料 19,000 円 と記帳します。会計ソフトは自動仕訳で， (借方) 支払手数料 19,000 （貸方）普通預金 1,000 と仕訳日記帳に同時に作ります。これとは別に，経理部が (借方) 支払手数料 1,000 （貸方）未払金 1,000 という振替仕訳を起こすことが可能です。こうすれば，複合仕訳を回避できるのです。

## ⑶　繰越処理，次年度更新，年度切り替え

　監査を受けたり，会計事務所で決算事務が終わらないと帳簿が締まりません。しかも，翌年度の翌月の入力作業が溜まってきます。

　これには嬉しい機能があって，旧年度の決算は仮締めにしておいたままで，1 台のパソコンで前年度の決算仕訳と新年度の入力がスイッチの切り換えでできます。必要に応じて，年度を戻ったり，先行したりできます。

　市販の会計ソフトには，「繰越処理」，「次年度更新」や「年度切り替え」の機能が実装されているのです。意味がそれぞれ違いますから注意してください。

① **繰越処理**

　**繰越処理**は，例で説明します。2019 年度に繰越処理を実行すると，新
たに 2020 年度用の空のフォーマットを作ります。つまり，2019 年度末
での繰越処理とは，未使用の翌 2020 年度用の帳簿や集計表を一式，準
備することです。

　その状態でもう一度，繰越処理を行うと，これらに加えて 2021 年度
用のフォーマットを作ります。

　3 年度分は問題なく処理が出来ます。

　さらに年度更新をすれば，2022 年度のフォーマットが出来て，2020
年度，2021 年度および 2022 年度のデータが使えますが，多くの会計ソ
フトが 3 年間のデータ保存ですから，2019 年度のデータは使えなくなり
ます。

② **次年度更新**

　2019 年度末の**次年度更新**とは，2020 年度の帳簿や集計表の期首繰越
欄に 2019 年度末の繰越金額を記入することです。

③ **年度切り替え**

　**年度切り替え**は，3 年度分の会計データセットからどれか 1 期を選択
して，アクティブな状態にすることです。アクティブな年度に対してデー
タ入力や訂正が可能となります。

# 第15章　小口現金と経費精算

# 1 はじめに

現金<sup>(1)</sup> の受け払いは，経理の第1歩です。

(1) 現金には様々な意味があります。紙幣と硬貨（現ナマ），小口現金（定額資金前渡制度における），現金同等物（キャッシュ・フロー計算書における）で意味が違います。本書で「現金」の意味が紛らわしいときは，その都度に注記します。

知っておかなければいけないことが多々あります。

会計の仕訳のやり方，領収書などの書類の保管方法，そして，支払承認の責任者は誰か，現金の補充の頻度や方法などです。

これらは会社によって違うので，前任者に聞きながら会社毎の流儀を身に付けて欲しいのです。

貴方の仕事に前任者がいる場合は，前任者の仕事の流儀をまず理解しましょう。

どうやるのかがわからない場合は，どのような習慣でやっていたのか，礼儀よく聞き，理解を試みなければいけません。

実務が最優先ですが，実務にはそれなりの理由があるはずですから，第1部から第4部までに学んだ事柄は，新しい職場での実務を聞き出すための基礎知識になります。

# 2 引継ぎに当たっての確認事項

　貴方が小口現金を扱うことになったとします。

　出勤初日に早速新しい同僚に紹介され，小口現金の引継ぎをしたとしましょう。

　そのときの引継ぎ事項は，次の通りとなります。

　まずは，概要を知り，前任者の行った業務をそのまま引き継ぎます。何か改善点が見つかったとしても，上司の承認がない限り，自分の考えを持ち込まない方が無難です[1]。

　(1)　貴方が正しい場合でも，少しでも貴方がやり方を変えてしまえば，前任者は貴方が勝手に変更したことを言い訳に非協力となるリスクがとても高いです。

　参考までに，新しい職場で自分なりに納得しておくことは以下の通りです。

(1)　**規　程**

□現金の受け払いに関するルールブック（規程）があるのかどうか[2]。

　(2)　ルールブックを「規程」といい，ルールブックの条文ひとつでも「規定」といいます。発音は同じですが，漢字が違います。

□その規程は，どの程度，厳格に守られているのか[3]。

　(3)　この辺りは後日に聞く方が無難です。

□出張旅費の仮払いと精算に関するルールはどうなっているか。

□貴方の取り扱う現金とは，本社経理部にある大きな金庫か，あるいは各部門にある手提げ金庫のことか。

□現金払い，銀行振込払い，給与振込払いと，支払先によって決まっているか。その場合，承認者と領収書の綴じ方などは異なるか。

□法人名義のクレジットカードはあるか。

□貴方が取り扱える現金はいくらまでか。

□今までの手順をそのまま踏襲すれば良いのか，何か改善が求められているか。

(2)　ヒ　ト

□わからないときは，誰に聞くか。

□誰の承認があったときに，支払うことができるか。

□パソコン入力は，誰がするのか。

□切手，収入印紙などは貴方が保管責任者か。

□どういう書類が揃ったら支払準備をするか。

(3)　書　類

□支払い前の書類（領収書，請求書，当社の伝票）の整理，承認，保管の状況はどうなっているか。

□書類は誰によって，どう保管されているのか。

□領収書などは何の順で保管されているか（支払日付順，相手先別順，レシート日付順など）。

□承認，受理，決済，認可，許可，同意，裁許，賛成，許諾などは全て承認の同意語ですが，法律上で少しずつ意味が違うことがあるので，実務上は前例に従って文言は変えない。

(4)　経理方式

□定額前渡金のシステムは採用されているか。

□交際費およびその隣接費用である販売促進費，会議費，福利厚生費などの区分(4) については誰がどう判断するか。これらのレシートの裏に，誰と，何の目的で，1人あたりの単価をメモするだけで良

いか。

（4）　税務には様々なルールがありますので，その都度，社内規程を読み，上司に聞き，あるいは税理士に相談してもらうようにしましょう。さまざまな適用条件があります。

□振込払いとなっている費用（旅費交通費，地代家賃，交際費，通信費等）はあるか。

　　指定した支払日に代金の支払いが完了する支払い方法です。

## アインシュタイン博士

　物理学者アルバート・アインシュタイン博士（1879～1955）も，税理士マターズドルフに次のようにこぼしています。

　曰く，「The hardest thing in the world to understand is the income tax.（この世界で最も理解に苦しむものは所得税である。）」

アルバート・アインシュタイン
（出典：Wikipedia パブリックドメイン）

# 3 会計ソフトでの内部統制

　会計ソフトでは，入力画面にかかわらず，取引データは「仕訳形式」で生成され，蓄積されます[(1)]。

（1）　会計ソフトでは，入力方式にかかわらず，全取引の全仕訳が閲覧できます。それが全部見られるのは仕訳日記帳と総勘定元帳しかありません。

　また，仕訳日記帳の全取引は，全て総勘定元帳にソート（転記）されます。たとえば，現金出納帳に所定の入力を行えば，入力データは直ちに仕訳形式（仕訳日記帳の様式）に処理されて蓄積されます。蓄積されたデータは，DBMS からデータの様々な出力に利用されます（図 47）。

図 47　入力，処理・保存および出力

　なるべく現金出納帳画面を使い，特定の者にしか振替仕訳をさせないとする会社もあり，いくつかの入力画面にはパスワード管理で入力の制限をしている場合もあります。こういった責任分担を**内部統制**といいます。

　もし貴方が入力もするのであれば，このような考え方についても知っておくべきでしょう。

# 4 支払実務(1)

## (1) 従業員による経費立替（本社経理部扱い）

　一般的な取り扱いは，本人が支払った後，本人が記入した「領収書が添付された費用精算伝票」によって本社経理部に申請します。

　本社経理部は，「領収書が添付された費用精算伝票」を受け取り，上司の承認印を確かめて，本社の経理部金庫にある現金から支払います。

　これに従い，本社経理部が出金記録をします。

　本社経理部による集中現金管理の長所は，基本的に現金は本社経理部が記帳し管理することになり，出先の部署では手許に現金を持たなくてもよくなり，現金管理のリスクから解放されます。

　欠点は，立替に関して支払いまで数日間の待ち時間が必要となることです。

## (2) 従業員による経費立替（給与振込払い）

　社員は，「領収書が添付された費用精算伝票」で立替費用を請求し，会社は，給料の支払いに合わせて立替費用を払い戻す方法です。

# 5 支払実務(2)：仮払金で多めに渡し，後日に精算する方法

仮 払 金は，最終的な勘定科目や金額が決まっていない支払いのための，一時的な勘定科目です。たとえば，お金は支払ったが[1]，その後の承認関係も含めてどうなるかわからないという場合に用いる勘定科目です。

(1) 「お金は払った」とは，現金または預金が減少したという意味です。その借方の勘定科目が決まっていない場合は，仮払金となります。

支払時点で経費にできないとは，たとえば出張旅費の仮払いの場合，出張に出る前に取り敢えず 30,000 円を出金すると，この 30,000 円の借方の勘定科目が仮払金となります。仕訳は**表 106** の通りです。

## 表 106 仮払金の前渡しの仕訳

| 借　　方 | 金　　額 | 貸　　方 | 金　　額 |
|---|---|---|---|
| 仮払金 | 30,000 | 現金 | 30,000 |

仮払金の記録は，出金伝票，現金出納帳あるいは振替伝票のいずれかに記帳します。また，総勘定元帳の仮払金勘定[2]への借方入力をします。

(2) 総勘定元帳の仮払金勘定ばかりでなく，補助元帳の仮払金勘定への記帳でも自動仕訳が生成されます（補助簿についての説明は，本書では割愛します）。

仮払金に対して借用書を書いて差し入れておき，それを現金扱いにするというのはやってはいけません[3]。

(3) 申請人が今すぐに出張に出るために仮払金が欲しいと強硬に主張すれば，自分で判断せずに上司に相談しましょう。

## 表107　経費精算書（例）

経費精算書

| 申請日 | 202X/1/12 | | | 承認1 | 承認2 |
|---|---|---|---|---|---|
| 所　属 | 営業部 | | | | |
| 氏　名 | 安倍晋二 | | | ㊞ | ㊞ |

| 月 | 日 | 摘　要 | 支払先 | 金　額 | 備　考 |
|---|---|---|---|---|---|
| 9 | 9 | 旅費, 名古屋・京都府×× | JR | 12,000 | ○○工業本社 |
| | 9 | 喫茶店 | | 9,000 | 相手先3名 |
| | 9 | ○○文房具 | | 4,000 | ファイルなど文房具 |
| | | | | | |
| | | | | | |
| | | | | | |
| | | | | | |
| | | | | | |
| | | | | | |
| | | 合　計 | | 25,000 | |
| | | 仮払い | | 30,000 | |
| | | 精算額 | | 5,000 | |

領収書添付欄

　後日に出張費用の精算をして実際には25,000円だったとすると, このときはじめて25,000円が経費になって, 残額の5,000円は返金されます。

　この精算時の仕訳は, 表108などのように複合取引となって, 次の三つの仕訳のいずれかです。

　仮払いの精算には, 大別して複合仕訳と単一仕訳とがあり, 後者には

さらにみなし返却法と仮払い振替法があるので，合計三つの仕訳法があります。

## (1)　複合仕訳法

仕訳については，今までの会社での伝統を変えないのが鉄則(てっそく)です。

もし設立初年度で指示がなければ，**表108**の振替伝票を使った**複合仕訳**(4) が無難です。

### 表108　仮払金精算（複合仕訳，振替伝票）

| 借　　方 | 金　　額 | 貸　　方 | 金　　額 |
|---|---|---|---|
| (費用)旅費交通費 | 12,000 | (資産) 仮払金 | 30,000 |
| (費用)交際費 | 9,000 | | |
| (費用)消耗品費 | 4,000 | | |
| (資産)現金 | 5,000 | | |

（4）　仕訳の行(ぎょう)ごとに，借方金額と貸方金額がそれぞれ一致していない取引です。たとえば**表108**の仕訳では，借方金額はそれぞれ12,000円，9,000円，4,000円，そして5,000円で，貸方金額は30,000円ですから，行ごとに一致はしていませんから複合仕訳になります。

この場合，当初の仮払いが30,000円であって，領収書が12,000円+9,000円+4,000円＝25,000円であること，現金の返却額が5,000円であったことが一目でわかります。仮払勘定での消込(けしこみ)をする場合にも，二か所の30,000円を消し込むのでわかり易(やす)いです。

社内規程で担当者のレベルによっては振替伝票の画面へのアクセスが認められていない場合がありますが，この場合はそれがネックになる可能性があります。複合仕訳には，振替伝票の入力画面が必要になります。

## (2)　単一仕訳・みなし返却法

仮払金のみなし返却もわかり易(やす)いです。**表109**の★印のように，あたかも仮払金30,000円の返却があったようにみなし入金を記帳します。そ

## 表 109　現金出納帳（仮払金みなし返却）

| 年.月.日 | 相手勘定科目 | 摘　要 | 収入金額 | 支出金額 | 残　高 |
|---|---|---|---|---|---|
| | | | | | … |
| ○.0X.04 | 仮払金 | 安倍晋二 | | 30,000 | … |
| | | | | | … |
| | | | | | … |
| | | | | | … |
| ○.0X.15 | 仮払金 | 安倍晋二 | ★　30,000 | | … |
| ○.0X.15 | 旅費交通費 | 安倍晋二 | | 12,000 | … |
| ○.0X.15 | 交際費 | 安倍晋二 | | 9,000 | … |
| ○.0X.15 | 消耗品費 | 安倍晋二 | | 4,000 | … |

## 表 110　仮払金精算（仮払金みなし返却）の仕訳

| 借　方 | 金　額 | 貸　方 | 金　額 |
|---|---|---|---|
| 現金 | 30,000 | 仮払金 | 30,000 |
| 旅費交通費 | 12,000 | 現金 | 12,000 |
| 交際費 | 9,000 | 現金 | 9,000 |
| 消耗品費 | 4,000 | 現金 | 4,000 |

して，直ちに旅費交通費 12,000 円，交際費 9,000 円および消耗品費 4,000 円の支払いを行ったように記帳します。

　長所としては，仮払金のみなし返却方式なら振替伝票は不要で，現金出納帳画面からでも入力できます。

　この仮払金みなし返却法の長所は，振替伝票が禁止されている端末からでも，入出金取引ということで入力できることです。

(3)　単一仕訳・仮払い振替法

　これは，仮払金を正しい勘定科目と金額に，勘定科目ごとに振り替える方法です。

　表 111 は理論的で単一仕訳によっていることが長所ですが，振替伝票

を使った事後のチェックにおいては，慣れるまでは取引がいつ支払われた仮払金にどう対応しているのかがわかりにくいのが短所です。

### 表111　仮払金精算（残金精算，単一仕訳）の仕訳

| 借　方 | 金　額 | 貸　方 | 金　額 |
|---|---|---|---|
| 旅費交通費 | 12,000 | 仮払金 | 12,000 |
| 交際費 | 9,000 | 仮払金 | 9,000 |
| 消耗品費 | 4,000 | 仮払金 | 4,000 |
| 現金 | 5,000 | 仮払金 | 5,000 |

### 日本土産に文房具

　日本の文房具はアイデアの宝庫というか，その種類の多さに外国人観光客は圧倒されるようです。価格も手頃ですので，お土産に最適と喜ばれます。

　付箋紙はもともと日本の発明品ですし，黒い事務紐もそうです。印鑑も，日本人の日本の文化を守る姿勢が感じられて外国人には人気があります。少し高価ですが，日本製の手帳も人気があります。

## 6 定額資金前渡制度

　支店までが至近距離ではなく，または出張が多い商社などで，それぞれの現場で手提げ金庫を用いて管理するのが便利な場合に，よく用いられるのが定額資金前渡制度（インプレスト・システム）です。

　従業員は，立替経費について，「領収書が添付された費用精算伝票」で所属の経理課に申請します。小口現金の支払担当者[(1)]は，「領収書が添付された費用精算伝票」を受け取り，上司の承認印を確かめて，手提げ金庫にある現金から支払います。

（1）　支払担当者，小口係，用度係または小払係など様々に呼ばれます。

　小口現金出納帳は，会社の部署毎に管理される定額の現金です。イメージとしては，各部署や工場にある庶務係や受付係が保管している手提げ金庫です。多くの場合，定額資金前渡制度が採用され，事前に決められた定額（たとえば 200,000 円）を手提げ金庫に保管します。

　この定額の現金制度を，勘定科目名では，「現金」勘定ではなく「小口現金」勘定といい，その現金残高金額が残っているわけではありません。

　この段階で，表 112 の仕訳を行います。

表 112　定額資金の前渡しの仕訳

| 借　方 | 金　額 | 貸　方 | 金　額 |
|---|---|---|---|
| 小口現金 | 200,000 | 普通預金 | 200,000 |

　この小口現金の金額 200,000 円は，これからこの定額が貸借対照表に不変の金額として記載されます。

## 表 113　小口現金伝票

| 月 | 日 | 摘　要 | 支　払 | 通信費 | 交通費 | 消耗品費 | 光熱費 | 雑　費 | その他 | 摘　要 | 担　当 |
|----|----|--------|--------|--------|--------|----------|--------|--------|--------|--------|--------|
| 8 | 7 | 名鉄タクシー | 2,000 | | 2,000 | | | | | ○○商事，本社から名古屋駅 | 太田 |
| | 8 | 喫茶店○ | 800 | | | | 800 | | | ○○工業と打ち合わせ | 山本 |
| | 9 | 文房具○ | 3,000 | | | 3,000 | | | | | 山本 |
| | 11 | 郵便切手代 | 4,000 | 4,000 | | | | | | 太田 | |
| | 15 | バス代金 | 1,200 | 1,200 | | | | | | 三田 | |
| | 20 | 会議用弁当 | 5,500 | | | | 5,500 | | | ○○産業と打ち合わせ，5 名 | 太田 |
| | 22 | ゴミ袋 | 550 | | | 550 | | | | 指定ゴミ袋 | 山本 |
| | 25 | 収入印紙(2) | 1,000 | | | | 1,000 | | | ○○契約書 | 太田 |
| | | | 18,050 | 4,000 | 3,200 | 3,550 | 0 | 0 | 7,300 | | |

　決められた日に，それまでの出金に対して次の小口現金伝票を作成し，本社経理部はこの伝票に対して預金を引き出して，各部の担当に金額を支払います。

(2)　収入印紙を郵便局や法務局で購入した場合，消費税の非課税仕入取引となります。念のため仕訳日記帳の入力画面で消費税区分をチェックして，そうなっていることを確かめます。

　たとえば毎月 25 日締め，3 営業日までに現金が届く制度の場合で，25 日(木)が締め日で，翌 26 日(金)午前 11 時までに本社経理部に届くと，当日に引き出して，27 日(土)および 28 日(日)の次の 29日(月)に社内便で 18,050 円が各部署の手提げ金庫に補充されます。

　補充される結果，現金残高は再び 200,000 円に戻ります。

　本社での仕訳は，支店からの報告書の到着とともに，表 114 のようになり，仕訳の管理も簡単になります。

　仕訳も，領収書の保管も本社が行うので，現金保管係は仕訳の知識が不十分でも構わなくなります。

表 114　資金補充を求める報告の仕訳(3)

| 借　方 | 金　額 | 貸　方 | 金　額 |
|---|---|---|---|
| 通信費 | 4,000 | 未払金 | 18,050 |
| 交通費 | 3,200 | | |
| 消耗品費 | 3,550 | | |
| 会議費 | 6,300 | | |
| 公租公課 | 1,000 | | |

（3）　これ以外の仕訳法は，本社が次の仕訳を行うときです。これは，現金決済までに迅速な処理が行われる場合に限られます。

　　　（借方）通信費　　4,000　　（貸方）**普通預金**　　18,050
　　　　　　　交通費　　3,200
　　　　　　　消耗品費　3,550
　　　　　　　会議費　　6,300
　　　　　　　公租公課　1,000

　この仕訳を入れる結果，手許にある現金は定額 200,000 円に戻ります。受験簿記で注意すべきは，簿記 3 級試験の問題文の中に「ただちに小口現金を補給した」となっている場合です。このときは支払報告時の仕訳と補給時の仕訳を同時に行ったと考えます。ですから，**表 115** の仕訳は不要となります。

　小口資金の補充を行ったときに，本社が**表 115** の仕訳をすると，定額の 200,000 円に戻ります。

表 115　資金補充の仕訳

| （借方）未払金 | 18,050 | （貸方）普通預金 | 18,050 |
|---|---|---|---|

　この仕組みの優れている点は，小口現金金庫の残高は，「現金の手許残高」＋「請求書未決済分」を合計すれば，どの時点でも定額（200,000 円）となるので，現金出納係は毎日，現金調べをしたとしても，その業務は容易になります。

## 二宮尊徳

二宮尊徳（1787～1856）は，神奈川県小田原市栢山の出身で，農民だった生家は洪水で困窮していました。彼は倹約し，草鞋や菜種油を作り，家を再興しました。その後，小田原藩を始めとする多くの藩の財政改革にも腕を振るいました。彼は経済学者というだけではなく，農民向けの「五常講」を成功させました。

二宮尊徳
（出典：Wikipedia パブリックド
メイン）

五常講は今でいうマイクロファイナンスで，その概要はこうでした。たとえば50万円貸すとすれば，返済条件は1年後に10万円の返済を6回繰り返して貰うものでした。このようなファイナンスの仕組みは年利5.472%で構成されており，年利が20%だった当時としては大変に安い金利だったのです。借りた農民は，新田の開発などに精を出したといわれています。

彼は身長が180センチ以上もあり，体重も94キロもあったといわれていますから，当時としては大変に大柄な人物だったようです。

# 第16章　支払い実務と預金出納帳

　支払い実務で理論的な知識が不可欠で，かつ頻繁に必要となる分野は，月次の給与計算，源泉所得税の源泉徴収です。さらに，それに関する消費税の知識が必要な場合もあります。いずれも，その共通の特徴は複合取引（61 ページの**表 24** 参照）であることです。

　本書では，月次の記帳実務を紹介しています。したがって，決算時に作成する会計実務「勘定科目内訳書」および「法人事業概 況 説明書」，「法人税明細書」（寄付金，交際費，減価償却明細書など）の作成については本シリーズの『決算会計』で説明します。給与にかかる税務会計は，同じく『給与会計』にまとめますので，そちらをご参照ください。

### (1)　普通預金

　銀行取引で最も多い口座取引が普通預金であろうと想定して，普通預金口座の記帳のコツを説明します。

　勤務先の伝統があればそれを守ることとし，そうでない場合には，通帳の取引日の通りに，少なくとも通帳の摘要欄に書いてあることは全部そのまま書き写します。

　中小零細企業の場合は，支払件数が 20 件から 30 件程度であれば，1か月の取引をその通りパソコン会計システムに取り込んで入力するのが手間要らずです。

## 表 116　普通預金通帳

| 年.月.日 | 摘　要 | お支払金額 | お預り金額 | 差引残高 |
|---|---|---|---|---|
| 22.01.07 | 入金 | ヤマダショウカイ | ① 330,000 | 10,330,000 |
| 22.01.08 | 振替 | ② 220,000 | ○リース | 10,110,000 |
| 22.01.09 | 振替 | ③ 55,000 | ○ネット | 10,055,000 |
| 22.01.10 | 入金 | ハヤシデンキ | ④ 110,000 | 10,165,000 |
| 22.01.11 | 入金 | モリネット | ⑤ 99,000 | 10,264,000 |
| 22.01.12 | 現金 | ⑥ 100,000 | キャッシュカード | 10,164,000 |
| 22.01.13 | 引出 | ⑦ 1,000,000 | | 9,164,000 |
| 22.01.14 | 入金 | ネギシショウテン | ⑧ 495,000 | 9,659,000 |

　普通預金通帳をそのまま入力すると，表 117 の普通預金出納帳ができます。普通預金出納帳の摘要欄の丸数字（ここでは①から⑧まで）の連番も，領収書に同じ連番を鉛筆で振っておけば便利です。通帳を書き写すことによって，銀行勘定と預金出納帳との記載は一致し，二つの調整は不要になります。

書き写し

## 表 117　普通預金出納帳（入力画面）

| 年.月.日 | 相手勘定 | 摘　要 | 入金金額 | 引出金額 | 残　高 |
|---|---|---|---|---|---|
| 22.01.07 | 売掛金 | ①ヤマダショウカイ | 330,000 | | 10,330,000 |
| 22.01.08 | リース料 | ②○リース | | 220,000 | 10,110,000 |
| 22.01.09 | 通信費 | ③○ネット | | 55,000 | 10,055,000 |
| 22.01.10 | 売掛金 | ④ハヤシデンキ | 110,000 | | 10,165,000 |
| 22.01.11 | 売掛金 | ⑤モリネット | 99,000 | | 10,264,000 |
| 22.01.12 | 引出金 | ⑥キャッシュカード | | 100,000 | 10,164,000 |
| 22.01.13 | 給与手当 | ⑦給与引出 | | 1,000,000 | 9,164,000 |
| 22.01.14 | 売掛金 | ⑧ミネギシショウテン | 495,000 | | 9,659,000 |

　会計ソフトや ERP に表 117 を入力すると，DBMS は表 118 の仕訳を自動生成します。預金取引を入力すれば，DBMS は表 118 の仕訳を自動生成します。自動仕訳機能こそが，最も重要なフロントエンド処理（22ページの図 7 参照）なのです。

### 表 118　普通預金にかかる仕訳

| 年.月.日 | 借方科目 | 借方金額 | 貸方科目 | 貸方金額 |
|---|---|---|---|---|
| 22.01.07 | 普通預金 | 330,000 | 売掛金 | 330,000 |
| 22.01.08 | リース料 | 220,000 | 普通預金 | 220,000 |
| 22.01.09 | 通信費 | 55,000 | 普通預金 | 55,000 |
| 22.01.10 | 普通預金 | 110,000 | 売掛金 | 110,000 |
| 22.01.11 | 普通預金 | 99,000 | 売掛金 | 99,000 |
| 22.01.12 | 引出金 | 100,000 | 普通預金 | 100,000 |
| 22.01.13 | 給与手当 | 1,000,000 | 普通預金 | 1,000,000 |
| 22.01.14 | 普通預金 | 495,000 | 売掛金 | 495,000 |

⑵　**当座預金**

　普通預金ではなく当座預金の場合には，次の二つの残高の差異のタイムラグなどでの調整が必要な場合があります。

- ●銀行からのバンク・ステイトメント（当座勘定 照 合表）
- ●会社の当座預金勘定

▶**会社帳簿の訂正が不要な場合**

　会社側に帳面の訂正の必要のないタイムラグには，未取り付け小切手がある場合や銀行の記帳ミスなどがあります。

　このタイムラグなどに関して勘定調整表による調整が必要となる場合に当座勘定調整表を作成します。

　銀行側の訂正は数日中に行われると考えて，銀行残高と当方帳簿残高

は時の経過でいずれ一致します。

### ▶会社帳簿の訂正が必要な場合

当座勘定調整表においては，会社側での入力漏れや入力ミスに対しては会社帳簿の訂正が必要です。

会計ソフトの当座預金出納帳へ入力すれば，自動的に仕訳日記帳と総勘定元帳は入力が転記されています。

月次の当座勘定調整の事務はこれで終わりです。

これ以外の当座勘定調整の項目でタイムラグが考えられるものは，たとえば入金日のタイムラグです。

これも特に会社の帳簿の入金日を直さなくとも数日中に銀行側でも入金が認識されますから，タイムラグ項目は当座勘定調整表に記録しておけば翌月には自ずとタイムラグは解消します。

第5部のまとめ

1 会計の理論と実務と倫理とは別物です。

2 会計は現金預金に始まり，現金預金に終わります。

3 会計実務は伝票，領収書，請求書の整理・整頓から始まり，税務に終わりますから，一人前になるまで最低2年はかかります。

# 索　引

■著者紹介

岡崎　一浩（おかざき　かずひろ）

東北大学経済学部卒業。
監査法人トーマツ東京事務所，KPMGおよびE＆Yシドニー
事務所，キャノン・オーストラリア経理部長，愛知工業大学経
営学部教授を経て，現在，同大学名誉教授。
公認会計士（日・米イリノイ州）。行政書士（Visa）。経営情報
科学博士。株式会社 UNAIIT 監査役。

1. 実務に当たっては，専門家の助言に従ってください。
2. 本書の内容等に関するご質問は，メールで okazaki_k@ nifty.com へ，日本語あるいは英語でお送りください。その際には，お名前，所属，本書の該当ページ数を記してください。
3. 参考文献, 誤植, 文章の訂正などを含めた読者への専用ホームページ（www.okazaki-class.com）があります。

【岡崎教授の会計力アップゼミナール】
よくわかる複式簿記の要点

2021年11月20日　印刷
2021年11月30日　発行

著　者　岡崎　一浩©

発行者　野々内邦夫

発行所　株式会社プログレス

〒160-0022　東京都新宿区新宿1-12-12
電話03（3341）6573　FAX03（3341）6937
http://www.progres-net.co.jp
e-mail：info@progres-net.co.jp

＊落丁本・乱丁本はお取り替えいたします。　　　　　モリモト印刷株式会社

ISBN978-4-910288-19-2　C2034